青年期の真のお父様

ためにに生きる生涯路程

光言社

はじめに

このたび、『幼少期《ようしょうき》の真《まこと》のお父様《とうさま》』に続《つづ》く、『青年期《せいねんき》の真《まこと》のお父様《とうさま》』が出版《しゅっぱん》できる運《はこ》びとなりました。

既《すで》に『ムーンワールド』で連載《れんさい》していたものですが、改《あらた》めて本《ほん》にしてみると、さらに真《まこと》のお父様《とうさま》の青年時代《せいねんじだい》の生《い》き様《ざま》がつながって見《み》えてきます。

特《とく》に、青年期《せいねんき》の真《まこと》のお父様《とうさま》は、宇宙《うちゅう》の真理《しんり》を発見《はっけん》するために、神様《かみさま》に祈《いの》り、誠《まこと》を尽《つ》くし、多《おお》くの人々《ひとびと》を研究《けんきゅう》した期間《きかん》でもありました。真《まこと》のお父様《とうさま》の熱《あつ》き情熱《じょうねつ》があふれ出《で》ている期間《きかん》です。

しかしながら小学生《しょうがくせい》の皆《みな》さんは、そのような真《まこと》のお父様《とうさま》とお会《あ》いする機会《きかい》がなかったと思《おも》います。それゆえに、本書《ほんしょ》を通《とお》して少《すこ》しでも、真《まこと》のお父様《とうさま》がどれほど、神様《かみさま》を愛《あい》し、人《ひと》を愛《あい》し、神《かみ》の国《くに》を造《つく》ろうとされたかの真実《しんじつ》のお姿《すがた》に出会《であ》って、真《まこと》の親《おや》として尊敬《そんけい》し、信頼《しんらい》する心《こころ》が出《で》てくれば良《よ》いと思《おも》っています。

もっと深《ふか》く知《し》りたい人《ひと》は、『平和《へいわ》を愛《あい》する世界人《せかいじん》として』（文鮮明自叙伝《ムンソンミョンじじょでん》）を読《よ》んで、さらに真《まこと》の父母様《ふぼさま》を愛《あい》する人《ひと》になっていただきたいと思《おも》います。

二〇一五年《ねん》十月《がつ》十四日《よっか》

心情文化研究所《しんじょうぶんかけんきゅうじょ》・所長《しょちょう》　座間保裕《ざまやすひろ》

青年期《せいねんき》の真《まこと》のお父様《とうさま》

ためにに生《い》きる生涯路程《しょうがいろてい》

【目次《もくじ》】

第《だい》1章《しょう》　強《つよ》い責任感《せきにんかん》

第《だい》2章《しょう》　神様《かみさま》の心情《しんじょう》・事情《じじょう》を尋《たず》ねる

第《だい》3章《しょう》　死《し》なんとする者《もの》は生《い》きる

第《だい》5章《しょう》　命《いのち》懸《が》けの勉強《べんきょう》

第《だい》6章《しょう》　原理《げんり》の究明《きゅうめい》

※イラストは、エピソードのイメージ画《が》です

第《だい》1章《しょう》

強《つよ》い責任感《せきにんかん》

1 祝福《しゅくふく》と蕩減《とうげん》

偉大《いだい》な人物《じんぶつ》が立《た》とうとするときには、サタンはありとあらゆる手《て》を尽《つ》くして妨害《ぼうがい》してきます。それで、真《まこと》のお父様《とうさま》の両親《りょうしん》は、「賢《かしこ》い人《ひと》を勉強《べんきょう》させれば早《はや》く死《し》ぬ」と言《い》って、学校《がっこう》に送《おく》りませんでした。

真《まこと》のお父様《とうさま》の生命《せいめい》を守《まも》るためにそのようにしたのです。

しかし、サタンは真《まこと》のお父様《とうさま》を滅《ほろ》ぼすため、周辺《しゅうへん》を攻撃《こうげき》してきました。兄《あに》（文龍壽《ムンヨンス》）と姉《あね》（文孝淳《ムンヒョスン》）が狂《くる》って、とても大変《たいへん》になりました。

ありとあらゆる不吉《ふきつ》なことが起《お》こりました。母親《ははおや》が台所《だいどころ》で火《ひ》をたけば、その火《ひ》がパンと鳴《な》って、軒先《のきさき》に火《ひ》がついたのです。

信《しん》じられないことが起《お》こったのです。叔父《おじ》の犬《いぬ》が、赤《あか》ちゃんの耳《みみ》を食《く》い、

人類《じんるい》の救《すく》いを実現《じつげん》するアボニムの道《みち》を、サタンはありとあらゆる手《て》を尽《つ》くして妨害《ぼうがい》しました

ちぎったり、一夜《いちや》にして、大《おお》きな豚《ぶた》が水《みず》に溺《おぼ》れて死《し》に、牛《うし》が死《し》に、馬《うま》が死《し》んだのです。

真《まこと》のお父様《とうさま》一人《ひとり》ゆえに、一家全部《いっかぜんぶ》が犠牲《ぎせい》の道《みち》を行《い》き、十三人兄弟《にんきょうだい》の中《なか》で八人《にん》だけ残《のこ》り、ほかの者《もの》は一年《ねん》の間《あいだ》に、みな死《し》んだのです。

それが真《まこと》のお父様《とうさま》がみ旨《むね》の道《みち》に出発《しゅっぱつ》する前《まえ》の、数《かぞ》え十六歳《さい》（満《まん》十五歳《さい》）の時《とき》のことだったのです。

2 ワンマンショーのチャンピオン

真《まこと》のお父様《とうさま》は、歌《うた》も上手《じょうず》に歌《うた》いました。歌《うた》が上手《じょうず》に歌《うた》えれば、お母《かあ》さんの背中《せなか》をたたいてあげながら、歌《うた》を歌《うた》ってあげられるのです。

真《まこと》のお父様《とうさま》は、神様《かみさま》の性質《せいしつ》を、思《おも》う存分発揮《ぞんぶんはっき》されています。ユーモアの大王《だいおう》が神様《かみさま》なのです。

だから真《まこと》のお父様《とうさま》は、ユーモアも上手《じょうず》で機転《きてん》がよくききました。中高等《ちゅうこうとう》学校《がっこう》の時《とき》は、ワンマンショーのチャンピオンだったのです。

学芸会《がくげいかい》の時《とき》、真《まこと》のお父様《とうさま》が出演《しゅつえん》するというと、父母《ふぼ》たちが「あのなんとかという青年《せいねん》が出《で》てくるか」と言《い》って、ぞろぞろ集《あつ》まってきたのです。

神様《かみさま》はユーモアの大王《だいおう》です

真《まこと》のお父様《とうさま》はワンマンショーのチャンピオンです

このようにして多《おお》くの人々《ひとびと》を引《ひ》きつけ楽《たの》しませてあげる能力《のうりょく》があったので、今まで統一教会《とういつきょうかい》の教祖《きょうそ》として、やってこられたというのです。

外《そと》では、悪口《わるぐち》を言《い》われたとしても、教会《きょうかい》の内《うち》では、おもしろい食口《シック》たちです。

教祖《きょうそ》がワンマンショーが上手《じょうず》なので、統一教会《とういつきょうかい》の人々《ひとびと》もそのようになったのです。

3 天《てん》が切《き》った因縁《いんねん》

天才的人物《てんさいてきじんぶつ》に共通《きょうつう》するものに「孤独《こどく》である」ということがあります。人類《じんるい》のメシヤとして立《た》った真《まこと》のお父様《とうさま》の生涯《しょうがい》は、神様《かみさま》がそのような道《みち》に連《つ》れていかれたのです。

それは世《よ》の中《なか》の道《みち》へ行《い》くのではなく、神様《かみさま》の道《みち》のみに行《い》くことを願《ねが》う、神様《かみさま》のすさまじい役事《やくじ》なのです。

真《まこと》のお父様《とうさま》の弟《おとうと》は数《かぞ》えの七歳《さい》で亡《な》くなりましたが、ハンサムで、とても活達《かったつ》で愛《あい》らしい弟《おとうと》でした。

龍官《ヨングァン》という名《な》でした。しかし、ほうそうにかかり亡《な》くなったのです。

また、真《まこと》のお父様《とうさま》の一番近《いちばんちか》い友人《ゆうじん》たちもみな、霊界《れいかい》に連《つ》れていかれました。

天才的人物《てんさいてきじんぶつ》に共通《きょうつう》するものに「孤独《こどく》である」
ということがあります

世《よ》の中《なか》で信《しん》じ、頼《たよ》ることのできるものが、すべて断《た》たれたのです。真《まこと》のお父様《とうさま》が世《よ》の中《なか》において関心《かんしん》を持《も》つものは、すべて霊界《れいかい》に連《つ》れていってしまったのです。

幼《おさな》い時《とき》、ほかの村《むら》に行《い》くと、その村《むら》で人《ひと》が死《し》ぬとか、病気《びょうき》になるとか、家畜《かちく》が死《し》ぬとか、そのようなことが必《かなら》ず起《お》こったのです。一生《いっしょう》の間《あいだ》、そうだったのです。

4 人生《じんせい》の問題《もんだい》に悩《なや》む

真《まこと》のお父様《とうさま》の誕生《たんじょう》した一九二〇年《ねん》は、韓国《かんこく》が日本《にっぽん》の植民治下《しょくみんちか》にあり、アボニムは、強大国《きょうたいこく》にじゅうりんされる弱小民族《じゃくしょうみんぞく》の苦痛《くつう》と悲《かな》しみとは何《なに》かを痛切《つうせつ》に感《かん》じる体験《たいけん》をしました。

それゆえに、真《まこと》のお父様《とうさま》は青少年時代《せいしょうねんじだい》には、この悲惨《ひさん》な戦争《せんそう》と罪悪《ざいあく》の世界《せかい》を救《すく》う道《みち》とは何《なに》かを、深刻《しんこく》に悩《なや》んだのです。

真《まこと》のお父様《とうさま》は、「このような環境《かんきょう》をどうにか打開《だかい》していくことができないか」と考《かんが》えていました。

個人《こじん》の生活《せいかつ》も、家庭《かてい》の生活《せいかつ》も、困難《こんなん》な状況《じょうきょう》で、どの村《むら》のどの家庭《かてい》を見《み》ても、幸福《こうふく》そうな家庭《かてい》がないくらいに、混乱《こんらん》が支配《しはい》していたのです。

真《まこと》のお父様《とうさま》は少年時代《しょうねんじだい》から、人類《じんるい》を救《すく》うために深刻《しんこく》に談判祈祷《だんぱんきとう》をされていました

さらには、部落《ぶらく》を越《こ》えて国が混乱《こんらん》していたし、国《くに》を越《こ》えてアジアが混乱《こんらん》していたし、アジアを越《こ》えて世界《せかい》が混乱期《こんらんき》に入《はい》っていたのです。

そのような状況《じょうきょう》であったので、真《まこと》のお父様《とうさま》は人生《じんせい》の根本問題《こんぽんもんだい》に対《たい》して、少年時代《しょうねんじだい》から悩《なや》み始《はじ》めたのです。

この時《とき》は本当《ほんとう》に深刻《しんこく》であり、自分《じぶん》の未来《みらい》をかけて、談判祈祷《だんぱんきとう》していたのです。

5 柿《かき》を食《た》べることが趣味《しゅみ》

ソウルでの学生時代《がくせいじだい》に、真《まこと》のお父様《とうさま》がしていたことを紹介《しょうかい》します。漢江《ハンガン》でよく、穏《おだ》やかな川面《かわも》に石《いし》を投《な》げる遊《あそ》びをしました。友達《ともだち》と行《い》っては、何回《なんかい》もはじかせるように、やっていました。

それから探究心《たんきゅうしん》の強《つよ》かった真《まこと》のお父様《とうさま》は、漢江《ハンガン》に棲《す》んでいる鳥《とり》を研究《けんきゅう》しました。

また、真《まこと》のお父様《とうさま》の故郷《こきょう》には、柿《かき》の木《き》がありませんでした。柿《かき》の実《み》は見《み》たことがあっても、柿《かき》の木《き》は見《み》たことがありませんでした。

しかし、ソウルに上京《じょうきょう》すると柿《かき》の木《き》があり、がっちりとした木《き》を見《み》て、感動《かんどう》しました。

真《まこと》のお父様《とうさま》は学生時代《がくせいじだい》に、漢江《ハンガン》でよく川面《かわも》に石《いし》を投《な》げる遊《あそ》びをしました

柿《かき》の木《き》は触《さわ》ってみるととても堅《かた》いし、実《み》はとても赤《あか》いし、本当《ほんとう》においしそうだったのです。友達《ともだち》と一緒《いっしょ》に取《と》るなり、ひたすら食《た》べたのです。

真《まこと》のお父様《とうさま》は柿《かき》が好《す》きで、食《た》べ始めると終わることがなかったのです。

特《とく》に熟《じゅく》した柿《かき》を本当《ほんとう》によく食《た》べたのです。正《まさ》に柿《かき》を食《た》べるのが趣味《しゅみ》だったのです。

さらに、真《まこと》のお父様《とうさま》は餅《もち》が好《す》きでした。それを見《み》て「ああ、こんなきれいな姿《すがた》の餅《もち》を初《はじ》めて見《み》た」と感動《かんどう》したのでした。

6 公生涯《こうしょうがい》の出発《しゅっぱつ》

イエス様《さま》の公生涯《こうしょうがい》は、三十歳《さい》から十字架《じゅうじか》にかかって息《いき》を引《ひ》き取《と》った三十三歳《さい》までの三年間《ねんかん》です。それまではひたすら、修業《しゅぎょう》の道《みち》であったと思《おも》います。

さて、真《まこと》のお父様《とうさま》が公生涯《こうしょうがい》を出発《しゅっぱつ》されたのが、霊的《れいてき》なイエス様《さま》と衝撃的《しょうげきてき》に出会《であ》ったその日《ひ》なのです。

真《まこと》のお父様《とうさま》が数《かぞ》えの十六歳《さい》（満十五歳《さい》）の時《とき》でした。イエス様《さま》の復活節《ふっかつせつ》（イースター）の朝《あさ》、長時間《ちょうじかん》の涙《なみだ》ながらの祈祷《きとう》をしている時《とき》でした。突然《とつぜん》、霊的《れいてき》な世界《せかい》が目《め》の前《まえ》に広《ひろ》がったのです。

そしてイエス・キリストが現《あらわ》れ「苦痛《くつう》を受《う》けている人類《じんるい》のゆえに、神様《かみさま》

真《まこと》のお父様《とうさま》は、霊界《れいかい》にいる聖賢《せいけん》たちと自由《じゆう》に交流《こうりゅう》するようになりました

が悲《かな》しんでいらっしゃる。あなたが、地上《ちじょう》での神様《かみさま》の役事《やくじ》に対《たい》する特別《とくべつ》な役割《やくわり》を果《は》たしてほしい」と訴《うった》えてきたのです。

それ以来、真《まこと》のお父様《とうさま》は、霊界《れいかい》にいる聖賢《せいけん》たちと自由《じゆう》に交流《こうりゅう》するようになり、何度《なんど》もイエス様《さま》と直接対話《ちょくせつたいわ》をしたのです。

それが啓示《けいじ》の始《はじ》まりで、神様《かみさま》とイエス様《さま》や多《おお》くの聖賢《せいけん》たちと絶《た》えず対話《たいわ》をされたのです。

その時《とき》に啓示《けいじ》された真理《しんり》の内容《ないよう》が「統一原理《とういつげんり》」の核心《かくしん》になっているのです。

7 自炊《じすい》をして女性《じょせい》のする仕事《しごと》を学《まな》ぶ

真《まこと》のお父様《とうさま》は学生時代《がくせいじだい》に七年間《ねんかん》、自炊生活《じすいせいかつ》をしました。それもあえて、一番貧《いちばんまず》しい人《ひと》の基準《きじゅん》に立《た》ってしたのです。

冬《ふゆ》のソウル（の気温《きおん》）は、マイナス一七度《ど》からマイナス二一度《ど》になりますが、井戸《いど》から冷《つめ》たい水《みず》をくんで食事《しょくじ》を作《つく》りました。絶対《ぜったい》にお湯《ゆ》を使《つか》いませんでした。

そしていつも一品《ひとしな》のおかずでご飯《はん》を食《た》べたのです。

この自炊生活《じすいせいかつ》はお金《かね》がなくてしたのではなく、女性《じょせい》たちのすることを調《しら》べることが目的《もくてき》でした。その結果《けっか》、いろいろなことが分《わ》かるようになったのです。

真《まこと》のお父様《とうさま》は学生時代《がくせいじだい》に、女性《じょせい》たちのすることを調《しら》べる目的《もくてき》で、
7年間《ねんかん》、自炊生活《じすいせいかつ》をしました

例《たと》えば、包丁《ほうちょう》の使《つか》い方《かた》を見《み》るだけで、その人《ひと》が素人《しろうと》かどうかがすぐ分《わ》かるようになりました。真《まこと》のお父様《とうさま》は、包丁《ほうちょう》さばきが非常《ひじょう》にうまくなっていたのです。

また、おかずを見《み》れば、それで料理《りょうり》の腕前《うでまえ》がすぐ分《わ》かるようになりました。また、ご飯《はん》の水加減《みずかげん》や、ほうれんそうのお浸《ひた》しに入《い》れる薬味《やくみ》など、すべて分《わ》かるようになりました。和《あ》え物《もの》も、何《なに》で和《あ》えているのかも、みな分《わ》かるようになったのです。

正《まさ》に料理《りょうり》の天才《てんさい》になってしまったのです。

8 強《つよ》い責任感《せきにんかん》

真《まこと》のお父様《とうさま》は、イエス様《さま》から使命《しめい》を受《う》けた時《とき》、「その大《おお》きい責任《せきにん》をどのようにやり遂《と》げるか」ということが大《おお》きな問題《もんだい》でした。

その時《とき》、真《まこと》のお父様《とうさま》は、ノアやアブラハムやモーセが、どのようなことがあっても、目的《もくてき》を果《は》たそうという意志《いし》が、誰《だれ》よりも強《つよ》かったことを知《し》ったのです。

そして、その時《とき》の決意《けつい》は、人生《じんせい》の一大事《いちだいじ》であったのです。

ところで賢《かしこ》い人《ひと》とは、難《むずか》しい道《みち》でも、未来《みらい》の希望《きぼう》を抱《いだ》いて行《い》くことを決定《けってい》した人《ひと》であり、愚《おろ》かな人《ひと》とは、目《め》の前《まえ》の幸福《こうふく》のために、未来《みらい》を捨《す》てる人《ひと》です。

—み旨《むね》の道《みち》を行《い》くために—

一、いつでも精誠《せいせい》をつくすこと

二、絶対《ぜったい》に成《な》し遂《と》げるという執念《しゅうねん》を持《も》つこと

三、試練《しれん》があっても絶対《ぜったい》に克服《こくふく》するという覚悟《かくご》を持《も》つこと

少年時代《しょうねんじだい》の真《まこと》のお父様《とうさま》は、神様《かみさま》の願《ねが》いに生《い》きる賢《かしこ》い人《ひと》の道《みち》を選《えら》ばれました

この時《とき》、若《わか》さあふれる真《まこと》のお父様《とうさま》は、賢《かしこ》い人《ひと》の道《みち》を選《えら》ばれたのです。そして真《まこと》のお父様《とうさま》が選《えら》ばれたみ旨《むね》の道《みち》を行《い》く上《うえ》で、①いつでも精誠《せいせい》を尽《つ》くすこと、②絶対《ぜったい》に成《な》すという執念《しゅうねん》を持《も》つこと、そして③試練《しれん》があっても絶対《ぜったい》に克服《こくふく》するという覚悟《かくご》を持《も》ったのです。

9 一日《にち》二食《しょく》の目的《もくてき》

真《まこと》のお父様《とうさま》は、最《もっと》も食《た》べ盛《ざか》りのソウルでの学生時代《がくせいじだい》に、昼食《ちゅうしょく》を食《た》べずに一日《にち》二食《しょく》の生活《せいかつ》をされました。

お金《かね》がなくてそのようにされたのではありませんでした。

それが、真《まこと》のお父様《とうさま》が凡人《ぼんじん》と違《ちが》うところの一《ひと》つでした。空腹《くうふく》になればご飯《はん》が恋《こい》しくなるのに、真《まこと》のお父様《とうさま》はその時《とき》、空腹《くうふく》の時《とき》があったであろう父母《ふぼ》の事情《じじょう》を考《かんが》えました。さらに、ご飯《はん》を恋《こい》しがる以上《いじょう》に、民族《みんぞく》や国《くに》を恋《こい》しがる道《みち》を求《もと》めていったのです。

そういう生活《せいかつ》をしていると、空腹《くうふく》で救《すく》いの手《て》を待《ま》つ人々《ひとびと》、飢《う》えながら解放《かいほう》を願《ねが》う人々《ひとびと》のうめき声《ごえ》が聞《き》こえてきたのです。

真《まこと》のお父様《とうさま》は飢《う》えている人《ひと》、空腹《くうふく》で救《すく》いの手《て》を待《ま》つ人《ひと》のことを思《おも》うと、食事《しょくじ》が喉《のど》を通《とお》らなくなり、よく断食《だんじき》をされました

そうすると、ますますご飯《はん》が食《た》べられなくなってしまいました。

そういう人々《ひとびと》の気持《きも》ちが分《わ》かると、誕生日《たんじょうび》を祝《いわ》うのも申《もう》し訳《わけ》なくて、その日《ひ》には一日断食《いちにちだんじき》をしたのです。

三十歳《さい》までこのような生活《せいかつ》を続《つづ》ける中《なか》で、空腹《くうふく》の時間《じかん》が一番《いちばん》、神様《かみさま》の心情《しんじょう》に近《ちか》くなり、神様《かみさま》の心情《しんじょう》が分《わ》かる体験《たいけん》をしたのです。

第《だい》2章《しょう》

神様《かみさま》の心情《しんじょう》・事情《じじょう》を尋《たず》ねる

10 神様《かみさま》のために生《い》きる

人《ひと》は何《なん》のため、誰《だれ》のために生《い》きるかで価値《かち》が決《き》まります。より大《おお》きな善《ぜん》のために生《い》きることの中《なか》で最高《さいこう》に価値《かち》のあることが、神様《かみさま》のために生《い》きることです。

それはまた、全人類《ぜんじんるい》のために生《い》きることでもあります。なぜなら、神様《かみさま》は人類《じんるい》の父母《ふぼ》であるからです。

そこでまず、親《おや》なる神様《かみさま》の心《こころ》を知《し》ることが、真《まこと》のお父様《とうさま》の出発点《しゅっぱつ》になりました。しかし、その時《とき》に、神様《かみさま》ご自身《じしん》が、真《まこと》のお父様《とうさま》を予定《よてい》された人物《じんぶつ》として定《さだ》め、召命《しょうめい》されていたのです。

真《まこと》のお父様《とうさま》は霊的《れいてき》にイエス様《さま》とお会《あ》いしてからは、人《ひと》が変《か》わったように、

「神様《かみさま》、私《わたし》は神様《かみさま》のために生《い》き、神様《かみさま》の願《ねが》いを必《かなら》ず成《な》し遂《と》げます！」

「神様《かみさま》、いますか」と尋《たず》ね続《つづ》けました。

そして「神様《かみさま》に願《ねが》いがありますか」と、さらに深《ふか》く神様《かみさま》の心情世界《しんじょうせかい》を尋《たず》ねていかれました。

そして「神様《かみさま》、私《わたし》が必要《ひつよう》ですか」とお尋《たず》ねすると、神様《かみさま》が真《まこと》のお父様《とうさま》を必要《ひつよう》としていることが分《わ》かりました。「それでは、どれくらい必要《ひつよう》ですか」と問《と》い詰《つ》めていかれたのです。

正《まさ》に真《まこと》のお父様《とうさま》の人生《じんせい》は神様《かみさま》のために生《い》きることで一〇〇パーセントになったのです。

11 孤独《こどく》なアボニム

天才的《てんさいてき》な人物《じんぶつ》は、必《かなら》ず孤独《こどく》な道《みち》を通過《つうか》して行《い》きます。なぜならば、凡人《ぼんじん》が行《い》くことができないような逆境《ぎゃっきょう》の道《みち》、試練《しれん》の道《みち》を越《こ》えていくからです。

真《まこと》のお父様《とうさま》の青春時代《せいしゅんじだい》は、日本《にっぽん》が韓国《かんこく》を統治《とうち》（一九〇五年《ねん》～一九四五年《ねん》）していたので、真《まこと》のお父様《とうさま》は、不幸《ふこう》な民族《みんぞく》と国《くに》を思《おも》って、涙《なみだ》を流《なが》す祈祷《きとう》の生活《せいかつ》をしていました。

いつかこの民族《みんぞく》を解放《かいほう》し、民族《みんぞく》だけでなく国家《こっか》、世界《せかい》を解放《かいほう》し、真《まこと》の愛《あい》と自由《じゆう》を受《う》けて、平和《へいわ》な国《くに》と世界《せかい》になることを切望《せつぼう》していた真《まこと》のお父様《とうさま》は、切《せつ》ない心《こころ》でいっぱいでした。

すると真《まこと》のお父様《とうさま》の内情《ないじょう》を分《わ》からなくても、同情《どうじょう》する人《ひと》がたくさん現《あらわ》れ

真《まこと》のお父様《とうさま》は、天一国《てんいちこく》を創建《そうけん》するために今日《こんにち》までずーっと
神様《かみさま》を心《こころ》に抱《いだ》きながら孤独《こどく》の道《みち》を歩《あゆ》んでこられました

たのです。

真《まこと》のお父様《とうさま》がみ旨《むね》の道《みち》を行《い》く上《うえ》で決意《けつい》したことは、①精誠《せいせい》、②絶対《ぜったい》に成《な》すという執念《しゅうねん》、③試練《しれん》を絶対《ぜったい》に克服《こくふく》する、というものでしたので、真《まこと》のお父様《とうさま》の心《こころ》が分《わ》からなくても種々《しゅじゅ》の役事《やくじ》が起《お》こったのです。

孤独《こどく》であればあるほど、多《おお》くの人々《ひとびと》が、その心《こころ》を知《し》っているかのように慰《なぐさ》めてくれたのです。

12 神様《かみさま》の心情《しんじょう》、事情《じじょう》を尋《たず》ねる

「ために生《い》きる」ことの第一歩《だいいっぽ》は、相手《あいて》の心情《しんじょう》、事情《じじょう》を理解《りかい》し共感《きょうかん》することです。

例《たと》えば、子供《こども》がけがをして「痛《いた》いよ！」と泣《な》いています。するとお母《かあ》さんが、「ああ、本当《ほんとう》に痛《いた》いんだね」と言《い》って共感《きょうかん》することで、子供《こども》の心《こころ》は少《すこ》し和《やわ》らぐのです。

イエス様《さま》と霊的出会《れいてきであ》いをしたあと、真《まこと》のお父様《とうさま》は、イエス様《さま》の事情《じじょう》・心情《しんじょう》を知《し》るために聖書《せいしょ》を徹底《てってい》して勉強《べんきょう》されました。そして、霊界《れいかい》のイエス様《さま》と語《かた》り合《あ》いながら、十六歳《さい》の時《とき》から九年間《ねんかん》を過《す》ごされたのです。さらに、ほかの宗教《しゅうきょう》の経典《きょうてん》も研究《けんきゅう》し、何回《なんかい》も霊界《れいかい》に入《はい》られては、聖人《せいじん》・義人《ぎじん》・教祖《きょうそ》

「ために生《い》きる」ことの第一歩《だいいっぽ》は、人《ひと》の心情《しんじょう》、事情《じじょう》を理解《りかい》し共感《きょうかん》することです。神様《かみさま》、真《まこと》の父母様《ふぼさま》の心情《しんじょう》を尋《たず》ねましょう

と会話《かいわ》されたのです。

その真理探究《しんりたんきゅう》の結果《けっか》、驚《おどろ》くべき真理《しんり》を発見《はっけん》したのです。それが「統一原理《とういつげんり》」だったのです。

したがって、私《わたし》たちが今《いま》、「統一原理《とういつげんり》」を学《まな》ぶように、簡単《かんたん》に出合《であ》ったのではないのです。

毎日毎日《まいにちまいにち》、何年《なんねん》も何年《なんねん》も、神様《かみさま》の事情《じじょう》・心情《しんじょう》を尋《たず》ね求《もと》め、九年間《ねんかん》も同参《どうさん》する生活《せいかつ》を続《つづ》けて得《え》られた、貴《とうと》い「統一原理《とういつげんり》」のみ言《ことば》なのです。

13 尊《とうと》いことを学《まな》ぶ

真《まこと》のお父様《とうさま》には、忘《わす》れることのできない宋夫人《ソンふじん》という方《かた》がいます。小《ちい》さい雑貨屋《ざっかや》で娘《むすめ》と親子二人《おやこふたり》の貧《まず》しい生活《せいかつ》をしていました。

真《まこと》のお父様《とうさま》は学生時代《がくせいじだい》に下宿《げしゅく》をしていたのですが、三食《さんしょく》食《た》べても腹《はら》が減《へ》る年齢《ねんれい》です。

その時《とき》、宋夫人《ソンふじん》は、何《なに》かを売《う》ってお金《かね》が残《のこ》れば、真《まこと》のお父様《とうさま》に何《なに》かを食《た》べさせようと持《も》って来《き》たのです。

なぜかと聞《き》くと、真《まこと》のお父様《とうさま》のような弟《おとうと》が自分《じぶん》にはいて、それが思《おも》い出《だ》されると言《い》って、他人《たにん》ではなく家族《かぞく》のように感《かん》じて持《も》ってくるのです。

真《まこと》のお父様《とうさま》が漢江《ハンガン》のほとりで礼拝《れいはい》を捧《ささ》げたあと、昼食《ちゅうしょく》を食《た》べずに砂利石《じゃりいし》

ソウルで雑貨屋《ざっかや》をしていた宋夫人《ソンふじん》は、真《まこと》のお父様《とうさま》を弟《おとうと》のように
愛《あい》し、いつも食《た》べ物《もの》を持《も》ってきてくれました

の小山《こやま》の後《うし》ろにたたずんでいると、宋夫人《ソンふじん》が、アイスクリーム二《ふた》つとパン二《ふた》つを持《も》って来《き》てくれたのです。

孤独《こどく》に独《ひと》り、真理《しんり》を探究《たんきゅう》し続《つづ》けていた真《まこと》のお父様《とうさま》には、このことが永遠《えいえん》に忘《わす》れられないのです。

難《むずか》しい所《ところ》、耐《た》えられない所《ところ》に訪《たず》ねていって慰《なぐさ》めることは、どんなに尊《とうと》いことかを、そこで学《まな》んだ真《まこと》のお父様《とうさま》だったのです。

14 国民《こくみん》の事情《じじょう》、心情《しんじょう》を尋《たず》ねる

「ために生《い》きる」ことの第一歩《だいいっぽ》は、「同参《どうさん》」することとです。真《まこと》のお父様《とうさま》は、神様《かみさま》の事情《じじょう》・心情《しんじょう》によく同参《どうさん》したのです。

真《まこと》のお父様《とうさま》ほど、世《よ》の中《なか》を知《し》っている人《ひと》はなく、真《まこと》のお父様《とうさま》ほど、国家《こっか》の事情《じじょう》を知《し》っている人はいません。

真《まこと》のお父様《とうさま》が数《かぞ》えの十五、十六歳《さい》（満《まん》十四、十五歳《さい》は中学《ちゅうがく》二、三年《ねん》の頃《ころ》）の時《とき》、既《すで》に韓国全土《かんこくぜんど》を踏査《とうさ》してしまったのです。

韓国一帯《かんこくいったい》をみな遍歴《へんれき》したのです。全羅道《チョルラド》がどうで、慶尚道《キョンサンド》がどうであるかを、全部知《ぜんぶし》り尽《つ》くすために家々《いえいえ》を回《まわ》り、もらい食《ぐ》いもしたのです。

真《まこと》のお父様《とうさま》は、韓国《かんこく》の人々《ひとびと》の実際《じっさい》の生活《せいかつ》や心情《しんじょう》を知《し》り尽《つ》くそうとされ、韓国全土《かんこくぜんど》を巡《めぐ》りながら家々《いえいえ》を訪《たず》ねて歩《ある》きました

貧《まず》しく暮《く》らす村々《むらむら》を経《へ》て、あるいは山野《さんや》をさまよいながら、「かわいそうな民族《みんぞく》だ」と感《かん》じたのです。

その当時《とうじ》は、日本統治時代《にっぽんとうちじだい》でした。その中《なか》で、自分《じぶん》の心中《しんちゅう》と自分《じぶん》の生活《せいかつ》環境《かんきょう》を誇《ほこ》ることのできない悲惨《ひさん》さを痛感《つうかん》したのです。

そのような思《おも》いは、ずっと真《まこと》のお父様《とうさま》の心《こころ》の中《なか》に、忘《わす》れることのできないものとして残《のこ》っているのです。

15 自立訓練《じりつくんれん》

真《まこと》のお父様《とうさま》の天才《てんさい》ぶりは、生《う》まれつき備《そな》わっているわけではありません。天性《てんせい》は「ピカいち」のものであるのは当然《とうぜん》ですが、それを磨《みが》かなければ何《なん》にもなりません。

真《まこと》のお父様《とうさま》は神様《かみさま》の悲願《ひがん》である、地上《ちじょう》・天上天国実現《てんじょうてんごくじつげん》のため、若《わか》い頃《ころ》からありとあらゆる準備《じゅんび》をしたのです。

真《まこと》のお父様《とうさま》は言《い》われます。「準備《じゅんび》なき者《もの》は滅《ほろ》びる」と。

さて、真《まこと》のお父様《とうさま》は三十代《だい》になるまで、古着《ふるぎ》を着《き》て自立《じりつ》の訓練《くんれん》をしました。古物商《こぶつしょう》に行《い》って、垢《あか》が真《ま》っ黒《くろ》にこびり付《つ》いて、テカテカした、臭《にお》いのするものを買《か》って着《き》ていたのです。パリッとした服《ふく》を着《き》れば、若《わか》い女《おんな》の人《ひと》に付《つ》

みんなが楽《たの》しんでいるときも、天一国実現《てんいちこくじつげん》に集中《しゅうちゅう》するために、目立《めだ》たない格好《かっこう》をし、脇道《わきみち》を歩《ある》いていました

きまとわれるからです。
わざとぼうぼう頭《あたま》の独身《どくしん》の男《おとこ》として、目立《めだ》たない道《みち》を通《とお》っていたのです。
男《おとこ》として生《う》まれ、誓《ちか》った大志《たいし》を果《は》たす基盤《きばん》づくりのために忙《いそが》しかったのです。
一生独身生活《いっしょうどくしんせいかつ》をしても生《い》きていける訓練《くんれん》をしたのです。
編《あ》み物《もの》も上手《じょうず》にできたので、セーターもパンツも一人《ひとり》で作《つく》ってしまったのです。

16 死《し》を覚悟《かくご》した深刻《しんこく》な出発《しゅっぱつ》

イエス様《さま》のみ言《ことば》に「人《ひと》がその友《とも》のために死《し》ぬこと、これよりも大《おお》いなる愛《あい》はない」とあります。

「ために生《い》きる」最高《さいこう》の姿《すがた》でした。

しかし、真《まこと》の父母様《ふぼさま》はその基準《きじゅん》を、人類《じんるい》の父母《ふぼ》の立場《たちば》で歩《あゆ》んでこられました。

その姿《すがた》を霊的《れいてき》に見《み》られた文亨進様《ムンヒョンジンさま》は「七死復活八段完成《しちしふっかつはちだんかんせい》」という言葉《ことば》で表現《ひょうげん》されました。

それは真《まこと》のお父様《とうさま》がみ旨《むね》の道《みち》を出発《しゅっぱつ》された時《とき》から貫《つらぬ》かれていた精神《せいしん》だったのです。

真《まこと》のお父様《とうさま》がみ旨《むね》の道《みち》を出発《しゅっぱつ》された時《とき》から貫《つらぬ》かれた精神《せいしん》は、ただ一《ひと》つしかない神様《かみさま》の道《みち》を死《し》を覚悟《かくご》して生《い》き切《き》るというものでした

真《まこと》のお父様《とうさま》は、満《まん》十五歳《さい》の時《とき》から、どんなにたくさんのことを考《かんが》えられたか分《わ》かりません。血《ち》の汗《あせ》を流《なが》し、命《いのち》を懸《か》けて祈祷《きとう》しながら、一生《いっしょう》を捧《ささ》げてこられました。

既《すで》に死《し》ぬ覚悟《かくご》をして、この道《みち》に乗《の》り出《だ》したのです。死《し》なずに、倒《たお》れなかったので、今《いま》なお、真《まこと》のお父様《とうさま》は行《い》くべき道《みち》が残《のこ》っていると考《かんが》えていらっしゃるのです。

良《よ》し悪《あ》しを考《かんが》える暇《ひま》もなく、一度《ど》しかない青春《せいしゅん》をすべて捧《ささ》げてこられたのです。

真《まこと》のお父様《とうさま》は、一《ひと》つしかない命《いのち》を捧《ささ》げて、歩《あゆ》み続《つづ》けていらっしゃるのです。

17 旺盛《おうせい》な探求心《たんきゅうしん》

真《まこと》のお父様《とうさま》は、探求心《たんきゅうしん》が強《つよ》いので、中途半端《ちゅうとはんぱ》にすることはなく、とことん究《きわ》める世界《せかい》があります。

青年時代《せいねんじだい》の出来事《できごと》を二《ふた》つ紹介《しょうかい》します。

一《ひと》つは、真《まこと》のお父様《とうさま》が学生時代《がくせいじだい》、行《い》かない所《ところ》はないというほど、韓国全土《かんこくぜんど》を巡《めぐ》った時《とき》のことです。

夜中《よなか》にトラックに乗《の》せてもらって移動《いどう》したのです。「乗《の》せない」と言《い》われても、荷台《にだい》にも乗《の》ったのです。

お礼《れい》に、「おじさん、私《わたし》が夕食《ゆうしょく》をごちそうするよ」と言《い》って、ひとしきり話《はな》すと、すっかり話《はなし》に乗《の》せられ、「私《わたし》がごちそうする」と言《い》ったことも忘《わす》れ

真《まこと》のお父様《とうさま》が学生時代《がくせいじだい》に韓国全土《かんこくぜんど》を巡《めぐ》った時《とき》、よく夜中《よなか》にトラックに乗《の》せてもらって移動《いどう》しました

て、代《か》わりにお金《かね》を払《はら》ってくれたのです。

二《ふた》つ目《め》は、女性《じょせい》の服《ふく》を着《き》て、ソウル市内《しない》を歩《ある》いてみなかった所《ところ》はないくらい、ありとあらゆる所《ところ》を訪《たず》ねました。

付《つ》きまとってくる男《おとこ》を「こいつ！　女《おんな》だと思《おも》ったのか。この悪《わる》いやつ！」と言《い》って、路地《ろじ》に入《はい》って殴《なぐ》りつけたのです。

スパイのようになって、民《たみ》の心《こころ》を知《し》るために回《まわ》り尽《つ》くしました。

世《よ》の中《なか》を知《し》るために中途半端《ちゅうとはんぱ》ではなく徹底的《てっていてき》に取《と》り組《く》んだのです。

18 真《まこと》の愛《あい》の心《こころ》を持《も》つ

より大《おお》きな善《ぜん》のために生《い》きるとすれば、自分中心《じぶんちゅうしん》に生《い》きるのではなく、相手《あいて》を中心《ちゅうしん》に生《い》きなければなりません。

そのためには、無私《むし》の心《こころ》と公的《こうてき》な心《こころ》がなければできません。神様《かみさま》が選《えら》んだ聖人《せいじん》、義人《ぎじん》、預言者《よげんしゃ》はそのような人《ひと》たちでした。生涯《しょうがい》を神様《かみさま》と人類《じんるい》のために捧《ささ》げたのです。

そのことについて、真《まこと》のお父様《とうさま》は次《つぎ》のように語《かた》られます。

「神様《かみさま》が人《ひと》を召命《しょうめい》されるとすれば、その人《ひと》はどんな人《ひと》でしょうか。その人《ひと》は外形的《がいけいてき》に体格《たいかく》が優《すぐ》れた人《ひと》ではなく、内的《ないてき》に信念《しんねん》が強《つよ》い人《ひと》でもありません。その人《ひと》は真《まこと》を持《も》った人《ひと》です。弱《よわ》そうに見《み》えても、愛《あい》の刀《かたな》を持《も》って、愛《あい》の

世《よ》の中《なか》の人《ひと》から見《み》た真《まこと》の人《ひと》

神様《かみさま》から見《み》た真《まこと》の人《ひと》

心情《しんじょう》を持《も》って、これらすべてのことにぶつかるようになる時《とき》に、それらを切《き》って、残《のこ》ることができる人《ひと》です」

真《まこと》のお父様《とうさま》は、このような心情《しんじょう》で、十代《じゅうだい》の頃《ころ》から歩《あゆ》んでこられたのです。それも、誰《だれ》か相談《そうだん》する人《ひと》がいたわけではありません。真《まこと》のお父様《とうさま》お一人《ひとり》で、すべてを解決《かいけつ》してこられたのです。

第《だい》3章《しょう》

死《し》なんとする者《もの》は生《い》きる

19 夏休《なつやす》みに故郷《こきょう》に帰《かえ》らず

真《まこと》のお父様《とうさま》は天才《てんさい》です。普通《ふつう》の人《ひと》が理解《りかい》できないくらいの天才《てんさい》のレベルです。

どのくらいのレベルかというと、人《ひと》がまねをすることのできないレベルなのです。

一《ひと》つの例《れい》として、ソウルの学校《がっこう》に来《き》て、最初《さいしょ》に迎《むか》えた夏休《なつやす》みに、家《いえ》に帰《かえ》らなかったのです。

帰《かえ》りたくないから帰《かえ》らないのではありません。

その時《とき》の真《まこと》のお父様《とうさま》の心中《しんちゅう》は、「懐《なつ》かしい父母《ふぼ》に会いたいけれど、それよりも、その父母《ふぼ》を生《い》かしてくださっている神様《かみさま》が慕《した》わしい」と涙《なみだ》していた

神様 あなたの願いが
わかりました
これからは
神様の願いを
はたすことを
第一にして
右にも
左にも曲がらず
まっすぐに
生きていきます!

おーい
夏休みだぞー
かえって
おいでー
おいしいものも
あるよー

学生時代《がくせいじだい》の真《まこと》のお父様《とうさま》は、夏休《なつやす》みに近所中《きんじょじゅう》の人たちが「帰《かえ》って
おいで」と言《い》っても、故郷《こきょう》には帰《かえ》りませんでした

のです。

その時《とき》、真《まこと》のお父様《とうさま》は、その神様《かみさま》を恋《こ》い慕《した》う心《こころ》を持《も》って、大韓民国《だいかんみんこく》の行《ゆ》く末《すえ》を思《おも》い、神様《かみさま》のみ旨《むね》を実現《じつげん》するために精誠《せいせい》を尽《つ》くしていったのです。

近所中《きんじょじゅう》の人《ひと》が「帰《かえ》ってこい」と大騒《おおさわ》ぎしても、「家《いえ》に重大《じゅうだい》なことがある」と言《い》われても帰《かえ》らず、「千年《せんねん》の歴史《れきし》を積《つ》み重《かさ》ねた貴《とうと》い時代《じだい》に遊《あそ》び騒《さわ》ぐのか」と言《い》って、叱《しか》りつけたのです。

20 人情《にんじょう》を越《こ》え、天情《てんじょう》に生《い》きる

神様《かみさま》を知《し》り、神様《かみさま》が人類《じんるい》の父母《ふぼ》であるということを知《し》った真《まこと》のお父様《とうさま》の道《みち》のりは、人情《にんじょう》に流《なが》されるのではなく、天情《てんじょう》に従《したが》って生《い》きる道《みち》のりでした。天情《てんじょう》を立《た》てようとする人《ひと》は、人情《にんじょう》を抑《おさ》えなければなりませんでした。それゆえ、真《まこと》のお父様《とうさま》は、どれほど愛《あい》してくださったか分《わ》からない父母《ふぼ》に、ハンカチ一枚《いちまい》、履物一足《はきものいっそく》も買《か》ってあげられなかったのです。それは、人間的《にんげんてき》に見《み》れば親不孝《おやふこう》になってしまいます。

しかし真《まこと》のお父様《とうさま》は、「父母《ふぼ》の前《まえ》には親不孝《おやふこう》をしたとしても、神様《かみさま》の前《まえ》には命懸《いのちが》けで忠誠《ちゅうせい》を尽《つ》くす」と、身《み》もだえしながらみ旨《むね》の道《みち》を歩《あゆ》んでこられたのです。

「わたしよりも父《ちち》または母《はは》を愛《あい》する者《もの》は、わたしにふさわしくない。わたしよりもむすこや娘《むすめ》を愛《あい》する者《もの》は、わたしにふさわしくない」（マタイによる福音書《ふくいんしょ》 10章《しょう》 37節《せつ》）

真《まこと》のお父様《とうさま》は、そのような決心《けっしん》で、すべてのものをコントロールしてこられたのです。「み旨《むね》が成《な》されるその日《ひ》までは、安息《あんそく》しない」という、強《つよ》い決心《けっしん》があったのです。

真《まこと》のお父様《とうさま》ほど人情的《にんじょうてき》な方《かた》はいないのに、それ以上《いじょう》に神様《かみさま》のことを思《おも》って生《い》きていらっしゃるのです。

21 映画《えいが》を主管《しゅかん》する

真《まこと》のお父様《とうさま》は、映画《えいが》を見《み》ると、おもしろくて叫《さけ》んでしまう気質《きしつ》を持《も》っていました。しかし絶対《ぜったい》に行《い》かなかったのです。初《はじ》めから行《い》かなかったのではなく、ある期間《きかん》、毎日《まいにち》ひっきりなしに通《かよ》って、一日《にち》に映画《えいが》を五回《かい》も見《み》た体験《たいけん》があってのことです。真《まこと》のお父様《とうさま》は、どんな人《ひと》よりも多感《たかん》で行動的《こうどうてき》か分《わ》かりません。それなのに、行《い》かなかったのです。何《なん》のためでしょうか。

映画館《えいがかん》に行《い》っても天法《てんぽう》に引《ひ》っ掛《か》からず、罪《つみ》を犯《おか》さない立場《たちば》をつくるためでした。

そのような訓練《くんれん》をされた真《まこと》のお父様《とうさま》は、映画《えいが》の中《なか》に悪《あく》なる場面《ばめん》が出《で》てく

青春時代《せいしゅんじだい》の真《まこと》のお父様《とうさま》は、神様《かみさま》の真《まこと》の愛《あい》と心情《しんじょう》が完全《かんぜん》に自分《じぶん》の心《こころ》そのものになるまで、世俗《せぞく》の楽《たの》しみを退《しりぞ》けられました

る時《とき》、その悪《あく》の群《む》れを捕《つか》まえて片付《かたづ》けてやるんだという気持《きも》ちを強《つよ》めていかれたのです。それが映画《えいが》ではなく、実際《じっさい》に悪党《あくとう》の住《す》む所《ところ》に行《い》ったとしても、彼《かれ》らを善《ぜん》なる方向《ほうこう》へ引《ひ》っ張《ぱ》ることができるという信念《しんねん》を持《も》って、行《い》かれたのです。

それこそが、神様《かみさま》の勇者《ゆうしゃ》であり、天下《てんか》のどこに行《い》っても話題《わだい》になる人物《じんぶつ》なのです。

そのような道《みち》を歩《あゆ》まれたのが青春時代《せいしゅんじだい》の真《まこと》のお父様《とうさま》なのです。

22 アベルの子女《しじょ》を愛《あい》する前《まえ》にカインの子女《しじょ》を愛《あい》する

真《まこと》のお父様《とうさま》にとって、アベルの子女《しじょ》とは、両親《りょうしん》や実《じつ》の兄弟姉妹《きょうだいしまい》、自分《じぶん》の愛《あい》する故郷《こきょう》の人々《ひとびと》になります。その他《ほか》の、縁《えん》もゆかりも全《まった》くない世界《せかい》の人々《ひとびと》が、カインの子女《しじょ》になります。

さて真《まこと》のお父様《とうさま》は、誰《だれ》もがするような、自分《じぶん》の愛《あい》する者《もの》を愛《あい》するという道《みち》を行《い》くことができませんでした。なぜならば、神様《かみさま》の愛《あい》から遠《とお》いカインの立場《たちば》にいる者《もの》を先《さき》に愛《あい》してあげてこそ、サタンが屈服《くっぷく》するという原則《げんそく》を知《し》っていたためでした。

ですから、真《まこと》のお父様《とうさま》はご自身《じしん》の父母《ふぼ》に対《たい》して、原理《げんり》のみ言《ことば》を一度《いちど》も伝《つた》えることができなかったのです。心情《しんじょう》においては一番伝《いちばんつた》えたい父母《ふぼ》である

怨讐《おんしゅう》を自分《じぶん》の子女《しじょ》よりも愛《あい》する真《まこと》の愛《あい》によってのみ、天国《てんごく》はつくられます。自分《じぶん》の心《こころ》から最《もっと》も遠《とお》い人《ひと》（一番好《いちばんす》きになれない人《ひと》）を愛《あい》すれば、その愛《あい》の心《こころ》にすべての人《ひと》が入《はい》ってしまいます

のに、伝《つた》えられなかったのです。実《じつ》の兄《あに》は真《まこと》のお父様《とうさま》の価値《かち》を悟《さと》り、一番《いちばん》協助《きょうじょ》してくれた人《ひと》でしたが、そのお兄《にい》さんにも、原理《げんり》のみ言《ことば》は伝《つた》えられませんでした。背後《はいご》にいるサタンを自然屈伏《しぜんくっぷく》させるために、妻子《さいし》が理解《りかい》しなくても、統一教会《とういつきょうかい》の食口《シック》が理解《りかい》しなくても、カイン世界《せかい》をまず愛《あい》する道《みち》を歩《あゆ》まれたのです。

23 自分《じぶん》の一身《いっしん》を大切《たいせつ》に守《まも》る

真《まこと》のお父様《とうさま》は、青年時代《せいねんじだい》、女《おんな》の人《ひと》とはどのように対《たい》していたでしょうか。

例《たと》えば、遊郭《ゆうかく》で自分《じぶん》の体《からだ》を商売《しょうばい》にしている女性《じょせい》に対《たい》して、もし自分《じぶん》の妹《いもうと》がそんなことをしているとしたら、どうなのだろうと思《おも》いながら、その女性《じょせい》たちの身《み》の上話《うえばなし》を聞《き》いてあげたのです。かわいそうな女性《じょせい》たちの心《こころ》を知《し》る者《もの》になってこそ、世界《せかい》を救《すく》えると思《おも》ったのです。

そして、自分自身《じぶんじしん》には女性問題《じょせいもんだい》が全《まった》くないという基準《きじゅん》を立《た》てるための修業《しゅぎょう》をしたのです。その時《とき》は、誰《だれ》にも自分《じぶん》のものつけ根《ね》を見《み》せたりしませんでした。友達《ともだち》にも見《み》せませんでした。

操《みさお》を守《まも》り続《つづ》けて新郎《しんろう》を待《ま》っている乙女《おとめ》のように、自分《じぶん》の一身《いっしん》を大切《たいせつ》に

青年時代《せいねんじだい》の真《まこと》のお父様《とうさま》は、かわいそうな女性《じょせい》たちの心《こころ》を知《し》ってこそ、世界《せかい》を救《すく》うことができると思《おも》われ、女性《じょせい》たちの話《はなし》をよく聞《き》きました。そして純潔《じゅんけつ》な体《からだ》で、人々《ひとびと》の持《も》つ苦労《くろう》の十字架《じゅうじか》を自《みず》ら背負《せお》って行《い》こうとされました

守《まも》っていたのです。み旨《むね》の道《みち》を歩《あゆ》む上《うえ》で、苦労《くろう》の十字架《じゅうじか》を背負《せお》うことがあっても、汚《けが》れた体《からだ》で十字架《じゅうじか》を背負《せお》うのではなく、傷《きず》のない体《からだ》、純潔《じゅんけつ》な体《からだ》で十字架《じゅうじか》を背負《せお》っていこうという覚悟《かくご》を固《かた》めていたのです。

24 死《し》なんとする者《もの》は生《い》きる

マタイによる福音書《ふくいんしょ》十六章《しょう》二十五節《せつ》には、「自分《じぶん》の命《いのち》を救《すく》おうと思《おも》う者《もの》はそれを失《うしな》い、わたしのために自分《じぶん》の命《いのち》を失《うしな》う者《もの》は、それを見《み》いだすであろう」とあります。

正《まさ》にこの聖句《せいく》のごとく生《い》きた方《かた》が、真《まこと》のお父様《とうさま》でした。そのことが、真《まこと》のお父様《とうさま》のお祈《いの》りの中《なか》にもしばしば出《で》てきます。

次《つぎ》は、真《まこと》のお父様《とうさま》が十五歳《さい》でみ旨《むね》の道《みち》を出発《しゅっぱつ》した時《とき》のことを回想《かいそう》してお祈《いの》りされた内容《ないよう》の一部《いちぶ》です。

「鼻歌《はなうた》を歌《うた》いながら幸福《こうふく》を感《かん》ずるその場《ば》よりも、涙《なみだ》と血《ち》を流《なが》す場《ば》で唇《くちびる》をかみつつ、お父様《とうさま》の前《まえ》に誓《ちか》ったその時間《じかん》が懐《なつ》かしく思《おも》われます。

「狭《せま》い門《もん》からはいれ。滅《ほろ》びにいたる門《もん》は大《おお》きく、その道《みち》は広《ひろ》い。そして、そこからはいって行《い》く者《もの》が多《おお》い。命《いのち》にいたる門《もん》は狭《せま》く、その道《みち》は細《ほそ》い。そして、それを見《み》いだす者《もの》が少《すく》ない」（マタイによる福音書《ふくいんしょ》７章《しょう》13～14節《せつ》）

私《わたし》たちが死《し》の道《みち》を自《みずか》ら進《すす》んで行《い》くことを決意《けつい》するたびに、天《てん》はその道《みち》を再《ふたた》び生《い》きることのできる復活《ふっかつ》の道《みち》につなげてこられたことも知《し》りました。天《てん》が行《い》く道《みち》において、迫害《はくがい》が伴《ともな》った事実《じじつ》の由来《ゆらい》を知《し》ってみると、天《てん》の前《まえ》に感謝《かんしゃ》する道《みち》しかありません」

25 真夏《まなつ》に汗《あせ》を流《なが》して歩《ある》く動機《どうき》

真《まこと》のお父様《とうさま》が黒石洞《フクソクトン》にいる時《とき》のことです。電車賃《でんしゃちん》五銭《せん》で市内《しない》に行《い》けるのに、歩《ある》いて行《い》ったのです。それも普通《ふつう》の人《ひと》が、一時間半《じかんはん》かかるところを四十五分《ふん》で行《い》ったのです。夏《なつ》の暑《あつ》い日《ひ》、学生服《がくせいふく》を着《き》て汗《あせ》を流《なが》しながら歩《ある》いたのです。

その時《とき》、「私《わたし》がこの国《くに》を復帰《ふっき》して大声《おおごえ》で叫《さけ》ぶ時《とき》まで、よく育《そだ》ちなさい。死《し》なずに私《わたし》と共《とも》に大《おお》きくなろう」と言《い》いながら、プラタナスの木《き》をたたきながら歩《ある》いたのです。

学校《がっこう》に行《い》く時《とき》も、五銭《せん》のお金《かね》で電車《でんしゃ》に乗《の》れるのですが、電車《でんしゃ》に乗《の》らず、歩《ある》いて行《い》き、電車《でんしゃ》を降《お》りる所《ところ》まで行《い》っては、積善《せきぜん》（良《よ》い行《おこな》いを積《つ》み重《かさ》ねる

真《まこと》のお父様《とうさま》は学校へ通《かよ》うとき、電車《でんしゃ》に乗《の》らずに歩《ある》いて通《かよ》いました。そして、その電車賃《でんしゃちん》を「もっとあげられなくて申《もう》し訳《わけ》ない」という心《こころ》で、かわいそうな人《ひと》にあげました

こと）をし、帰《かえ》りはまた、同《おな》じように歩《ある》いて帰《かえ》り、電車《でんしゃ》の乗《の》り場《ば》に到着《とうちゃく》したら積善《せきぜん》をするという生活《せいかつ》をしていました。

そしてそのお金《かね》を「千万金《せんまんきん》でも与《あた》えたいし、皆《みな》さんに福地《ふくち》をつくってあげたい心《こころ》は切実《せつじつ》ですが、今《いま》、民族《みんぞく》に代《か》わってあげるのだから、これを受《う》けて、ぜひ福《ふく》の種《たね》にしてください」と言《い》って、かわいそうな人《ひと》にあげたのです。

26 掃除《そうじ》を黙々《もくもく》とする

京城商工実務学校《けいじょうしょうこうじつむがっこう》に通《かよ》っていた時《とき》（十八歳《さい》〜二十一歳《さい》）には、一人《ひとり》で学校《がっこう》の清掃《せいそう》を黙々《もくもく》としました。

その時《とき》の真《まこと》のお父様《とうさま》の心《こころ》の内《うち》は「全学校《ぜんがっこう》を自分《じぶん》が先頭《せんとう》に立《た》って愛《あい》したいので、他《た》の人《ひと》の助《たす》けは嫌《いや》で、一人《ひとり》でやりたい」という思《おも》いでした。他人《たにん》が掃除《そうじ》をしても、再《ふたた》び真《まこと》のお父様《とうさま》が掃除《そうじ》をし始《はじ》めるので、友達《ともだち》が、「じゃ、お前《まえ》が一人《ひとり》でやれ」と言《い》うようになりました。それからは、毎日《まいにち》一人《ひとり》で掃除《そうじ》をするようになりました。

その結果《けっか》、真《まこと》のお父様《とうさま》は友達《ともだち》から絶対的《ぜったいてき》な信頼《しんらい》を得《え》るようになったのです。あらゆる難《むずか》しいことは、必《かなら》ず真《まこと》のお父様《とうさま》に質問《しつもん》してくるようになりま

京城商工実務学校《けいじょうしょうこうじつむがっこう》に通《かよ》っていた青年時代《せいねんじだい》の真《まこと》のお父様《とうさま》は、学校《がっこう》を誰《だれ》よりも愛《あい》したいので、毎日《まいにち》、学校全体《がっこうぜんたい》の掃除《そうじ》を一人《ひとり》でされました

した。さらに家《いえ》から送《おく》られてきたお金《かね》を自分《じぶん》で保管《ほかん》するのが不安《ふあん》な友達《ともだち》は、その管理《かんり》まで真《まこと》のお父様《とうさま》に依頼《いらい》してきたのです。

世《よ》の中《なか》であり得《え》ないことが起《お》こるようになりました。それは、真《まこと》のお父様《とうさま》に真《まこと》なる愛《あい》があるので、真《まこと》の愛《あい》の力《ちから》によって、信《しん》じられないことが起《お》こるようになったのです。

27 威圧感《いあつかん》・主管力《しゅかんりょく》

真《まこと》のお父様《とうさま》が、黒石洞《フクソクトン》に下宿《げしゅく》しながら京城商工実務学校《けいじょうしょうこうじつむがっこう》に通《かよ》っていた時期《じき》が十八歳《さい》から二十一歳《さい》の頃《ころ》でした。

その時《とき》、真《まこと》のお父様《とうさま》は、無駄《むだ》な話《はなし》は、絶対《ぜったい》にしませんでした。「自分《じぶん》の行《い》くべき道《みち》を探《さが》すのに、その道理《どうり》を明《あき》らかにできずにいるのに、何《なん》の話《はなし》をするのか」という思《おも》いで過《す》ごしていたのです。騒《さわ》いであちこち動《うご》き回《まわ》っているようでは、自分《じぶん》を育《そだ》てることができないという信念《しんねん》だったのです。

謙遜《けんそん》で、自分《じぶん》に実力《じつりょく》があっても偉《えら》ぶらずに振《ふ》る舞《ま》う人《ひと》がいます。そのような人《ひと》には、むやみに話《はなし》ができません。何《なん》だか分《わ》からないけれど、威圧感《いあつかん》を感《かん》じるのです。その人《ひと》には主管性《しゅかんせい》が宿《やど》っているのです。正《まさ》に当時《とうじ》の真《まこと》の

京城商工実務学校時代《けいじょうしょうこうじつむがっこうじだい》の真《まこと》のお父様《とうさま》は、多《おお》くを語《かた》る人《ひと》ではありませんでしたが、人々《ひとびと》の前《まえ》に権威《けんい》ある人《ひと》のような雰囲気《ふんいき》を持《も》っていました

お父様《とうさま》にはそのような何《なに》かがあったのです。

それゆえ、学校《がっこう》では、友達《ともだち》が小便《しょうべん》をしようと待《ま》っていても、真《まこと》のお父様《とうさま》が行《い》けば、順番《じゅんばん》を譲《ゆず》ってくれたのです。また悩《なや》みがあれば、すべて、真《まこと》のお父様《とうさま》のところに来《き》て相談《そうだん》したのです。そのようにして彼《かれ》らの心《こころ》のすべてを占領《せんりょう》できる位置《いち》に立《た》つようになったのです。

第《だい》4章《しょう》

誰《だれ》に対《たい》しても侍《はべ》る

28 民族解放《みんぞくかいほう》のためのお祈《いの》り

多《おお》くの人々《ひとびと》は、自分《じぶん》のためにお祈《いの》りします。商売繁盛《しょうばいはんじょう》、交通安全《こうつうあんぜん》など、すべて自分《じぶん》が幸《しあわ》せになるためにお祈《いの》りします。また、より大《おお》きな善《ぜん》のためにお祈《いの》りするとしても、家内安全《かないあんぜん》や合格祈願《ごうかくきがん》であったりと、マイホーム主義《しゅぎ》のお祈《いの》りをします。

しかし、真《まこと》のお父様《とうさま》は、学生《がくせい》の頃《ころ》から、かわいそうな韓国《かんこく》の民族《みんぞく》と国家《こっか》のためにお祈《いの》りを捧《ささ》げてこられたのです。

その当時《とうじ》（一九〇五年《ねん》～一九四五年《ねん》）は、日本《にっぽん》が韓国《かんこく》を支配《しはい》していた時《とき》でした。黒石洞《フクソクトン》の聖地《せいち》で真《まこと》のお父様《とうさま》が国《くに》のために流《なが》した涙《なみだ》は、韓国《かんこく》のどんな愛国者《あいこくしゃ》にも負《ま》けないものでした。

神の国建国のために
役立つ人になりますように
天一国のために真の父母
様子女様といっしょに
がんばります アーヂュ
ぼくや家族に
幸せをたくさん下さい
うちの商売が、はん
じょうしますようにアーヂュ

神様《かみさま》はどちらのお祈《いの》りを喜《よろこ》ばれ、聞《き》き届《とど》けてくださるでしょうかそれゆえに、真《まこと》のお父様《とうさま》はお祈《いの》りに行《い》く、黒石洞《フクソクトン》聖地《せいち》への道《みち》は、今《いま》も忘《わす》れることのできない道《みち》になっています。ポプラもプラタナスの木《き》もありました。

また学校《がっこう》に通《かよ》いながら、明水台《ミョンスデ》のキリスト教会《きょうかい》に行《い》って日曜学校《にちようがっこう》の先生《せんせい》をするなどして過《す》ごした場所《ばしょ》や、漢江《ハンガン》の中洲《なかす》のノドゥル島《とう》も、一《ひと》つ一《ひと》つが忘《わす》れられない懐《なつ》かしい所《ところ》となっているのです。

29 祈《いの》りの人《ひと》

「真《まこと》のお父様《とうさま》って、どんな方《かた》ですか」という質問《しつもん》に対《たい》して、いろいろな答《こた》えが出《で》てくるほどに万能《ばんのう》の真《まこと》のお父様《とうさま》です。ノーベル賞《しょう》を何個《なんこ》もらってもいいような実績《じっせき》があります。

真《まこと》のお父様《とうさま》がそのような人《ひと》になった背後《はいご》には、多《おお》くの精誠《せいせい》がありました。それで真《まこと》のお父様《とうさま》に身近《みぢか》に侍《はべ》る方《かた》は、「真《まこと》のお父様《とうさま》はお祈《いの》りの人《ひと》です」と証《あか》されるのです。

宇宙《うちゅう》の真理《しんり》を探究《たんきゅう》している絶頂期《ぜっちょうき》の真《まこと》のお父様《とうさま》は、韓国《かんこく》の黒石洞《フクソクトン》で下宿《げしゅく》生活《せいかつ》をされていましたが、友《とも》と語《かた》るより神様《かみさま》にお祈《いの》りを捧《ささ》げていました。

それも十七時間《じかん》、十八時間《じかん》と祈《いの》るのです。普通《ふつう》でも十二時間《じかん》お祈《いの》りした

神様、神の国をつくる道、人類を救う原理があるはずです。必ず見つけてみせます。アーヂュ
地球星

学生時代《がくせいじだい》の真《まこと》のお父様《とうさま》は、毎日何時間《まいにちなんじかん》も深《ふか》いお祈《いの》りをされ、ついに原理《げんり》を探《さが》し出《だ》されました

のです。昼食《ちゅうしょく》も食《た》べずにお祈《いの》りしたのです。そうしないと四方《しほう》が塞《ふさ》がって出口《でぐち》が見《み》えないのです。お祈《いの》りをしてこそ、針《はり》の穴《あな》のような出口《でぐち》が見《み》えてきたのです。

そのような試練《しれん》の過程《かてい》を経《へ》て、原理《げんり》を探《さが》し出《だ》したのです。神様《かみさま》が恋《こい》しくて、狂《くる》うほどの境地《きょうち》に入《はい》ってお祈《いの》りした真《まこと》のお父様《とうさま》だったのです。

30 ために勉強《べんきょう》し、祈《いの》る

多《おお》くの人々《ひとびと》が自分《じぶん》の幸《しあわ》せのために勉強《べんきょう》し、自分《じぶん》の幸《しあわ》せのために祈《いの》る中《なか》にあって、真《まこと》のお父様《とうさま》は若《わか》い時《とき》から、韓国民族《かんこくみんぞく》のために勉強《べんきょう》し、祈祷《きとう》を捧《ささ》げました。

その時《とき》の勉強《べんきょう》の仕方《しかた》は、一ページ読《よ》んでは涙《なみだ》を流《なが》し、また一ページ読《よ》んでは涙《なみだ》を流《なが》したのです。なぜかというと、一ページ一ページごとに、民族《みんぞく》の運命《うんめい》を左右《さゆう》することができる秘密《ひみつ》が含《ふく》まれているのではないかと思《おも》ったからです。

祈祷《きとう》もそのような精神《せいしん》でしたのです。こぶしをあまりにも強《つよ》く握《にぎ》って真剣《しんけん》に祈祷《きとう》したので、手《て》を広《ひろ》げる時《とき》、痛《いた》みが走《はし》ったのです。どれだけ力《ちから》を

人《ひと》は何《なに》を目的《もくてき》として生《い》き、祈《いの》り、勉強《べんきょう》するかがとても大切《たいせつ》です

入《い》ればそうなるのでしょうか。汗《あせ》が出《で》ても、ぎゅっと握《にぎ》って祈《いの》り、誓《ちか》いを立《た》てたのです。

人《ひと》の価値《かち》は何《なん》のために勉強《べんきょう》し、何《なん》のために祈《いの》るかで決《き》まります。

真《まこと》のお父様《とうさま》は、正《まさ》に神様《かみさま》の願《ねが》いに立《た》って、選民《せんみん》として選《えら》ばれた民族《みんぞく》のために、すべての情熱《じょうねつ》を注《そそ》いだのです。国《くに》と世界《せかい》のために勉強《べんきょう》し、お祈《いの》りしたのです。

31 原理発見《げんりはっけん》の価値《かち》

真《まこと》のお父様《とうさま》が原理《げんり》を発見《はっけん》する闘《たたか》いはすさまじいものでした。

その光景《こうけい》を霊能者《れいのうしゃ》が見《み》たら、真《まこと》のお父様《とうさま》が高《たか》い山《やま》の上《うえ》に一本足《いっぽんあし》で立《た》ち、それに襲《おそ》いかかる竜《りゅう》が火《ひ》を吹《ふ》いて真《まこと》のお父様目掛《とうさまめが》けてやってきます。しかし真《まこと》のお父様《とうさま》は身《み》じろぎもせず、剣《けん》を取《と》り出《だ》すと竜《りゅう》を真《ま》っ二《ぷた》つに切《き》り裂《さ》いてしまい、「ハレルヤ」と天使《てんし》の声《こえ》が聞《き》こえるというものでした。

それゆえに真《まこと》のお父様《とうさま》は、「皆《みな》さんは、原理《げんり》の本《ほん》をつかんで泣《な》きましたか」と言《い》われるのです。

この真理発見《しんりはっけん》のために真《まこと》のお父様《とうさま》は、神様《かみさま》のために真心《まごころ》を込《こ》めました。神様《かみさま》が恋《こい》しくて狂《くる》わんばかりに真《まこと》のお父様《とうさま》を愛《あい》されました。神様《かみさま》が地上《ちじょう》に

原理《げんり》を解明《かいめい》するために、真《まこと》のお父様《とうさま》は、想像《そうぞう》を絶《ぜっ》するサタンとの闘《たたか》いに勝利《しょうり》されたのです

いらっしゃるなら、一日《いちにち》に千回《せんかい》も会《あ》いに行《い》きたい気持《きも》ちだったのです。かわいそうな神様《かみさま》のために涙《なみだ》を流《なが》して祈祷《きとう》した時《とき》に、真冬《まふゆ》に着《き》ている綿《わた》のパジ・チョゴリが全部涙《ぜんぶなみだ》で濡《ぬ》れるような時《とき》がありました。刀《かたな》を立《た》てて、談判祈祷《だんぱんきとう》して、発見《はっけん》した真理《しんり》なのです。

32 幼年日曜学校《ようねんにちようがっこう》の教師《きょうし》となる

真《まこと》のお父様《とうさま》は学生時代《がくせいじだい》（京城商工実務学校電気科《けいじょうしょうこうじつむがっこうでんきか》）に、いろいろなことをしましたが、その一《ひと》つが小学生《しょうがくせい》を対象《たいしょう》とした幼年日曜学校《ようねんにちようがっこう》の教師《きょうし》でした。黒石洞教会《フクソクトンきょうかい》や西氷庫教会《ソビンゴきょうかい》で日曜学校《にちようがっこう》の先生《せんせい》をしました。話《はなし》をおもしろくしたり、ある時《とき》は、全員《ぜんいん》わんわん泣《な》くようなこともしました。それが良《よ》くて、何度《なんど》も同《おな》じ話《はなし》をせがまれました。

真《まこと》のお父様《とうさま》は、誰《だれ》よりも学生《がくせい》を愛《あい》したので、子供《こども》も真《まこと》のお父様《とうさま》に夢中《むちゅう》になり、学校《がっこう》も行《い》かず、後《あと》を付《つ》きまとうようにもなったほどです。

今《いま》、その時《とき》の教《おし》え子《ご》が、ソウルにいます。その者《もの》たちに、「おい、来《き》なさい」と言《い》えば、みな先頭《せんとう》になって来《く》る人《ひと》たちです。

真《まこと》のお父様《とうさま》は学生時代《がくせいじだい》、幼年日曜学校《ようねんにちようがっこう》の先生《せんせい》をしていました。子供《こども》たちをとても愛《あい》してお話《はなし》をしたので、子供《こども》たちはみんな夢中《むちゅう》になりました

空の鳥、野の花を
見てごらん
みんな神様が
つくったんだよ
きみたち
みんな
神の子
だよ

しかし真《まこと》のお父様《とうさま》は、その人《ひと》たちを連《つ》れてきて、統一教会《とういつきょうかい》の重要《じゅうよう》なメンバーにはしませんでした。

それは、アベルの子女《しじょ》を愛《あい》する前《まえ》にカインの子女《しじょ》を愛《あい》するという歴史《れきし》を開拓《かいたく》することが、真《まこと》のお父様《とうさま》の使命《しめい》だったからなのです。

33 学生時代《がくせいじだい》の日記《にっき》

真《まこと》のお父様《とうさま》は、学生時代《がくせいじだい》に日記《にっき》をつけていました。三十枚《まい》つづりのノート一冊《さつ》に、その時代《じだい》の事柄《ことがら》を書《か》いていました。

ところがこの時代《じだい》は日帝時代《にっていじだい》（一九〇五年《ねん》～一九四五年《ねん》、日本《にっぽん》が韓国《かんこく》を支配《しはい》）だったので、ある事件《じけん》が起《お》こって、その日記帳《にっきちょう》が取《と》り上《あ》げられ、日記帳《にっきちょう》に書《か》いてあった人物《じんぶつ》が、芋《いも》づる式《しき》に連行《れんこう》されたことがありました。

それゆえに真《まこと》のお父様《とうさま》は、その時以来《ときいらい》、日記《にっき》を書《か》くことをやめてしまったのです。今《いま》でも手帳《てちょう》も持《も》たないようにしているのです。

しかし、真《まこと》のお父様《とうさま》が学生時代《がくせいじだい》に書《か》いた日記《にっき》が、今残《いまのこ》っていたとするならば、その価値《かち》たるや、金銀財宝《きんぎんざいほう》を出《だ》しても買《か》うことができません。

真《まこと》のお父様《とうさま》は日帝時代《にっていじだい》の迫害《はくがい》の中《なか》で、
書《か》かれていた大切《たいせつ》な日記《にっき》を涙《なみだ》を流《なが》し
ながら燃《も》やしたのです

その時《とき》返《かえ》された日記帳《にっきちょう》を、真《まこと》のお父様《とうさま》は、全部自分《ぜんぶじぶん》の手《て》で、涙《なみだ》を流《なが》しながら燃《も》やしてしまったのです。

日記《にっき》の中身《なかみ》は、今後《こんご》の若者《わかもの》たちの解放《かいほう》の道《みち》を指《さ》し示《しめ》すものであったので、それを焼《や》く時《とき》、喉《のど》を詰《つ》まらせたのです。

34 誰《だれ》に対《たい》しても侍《はべ》る

真《まこと》のお父様《とうさま》は青年時代《せいねんじだい》から、誰《だれ》に対《たい》しても心《こころ》から侍《はべ》る方《かた》でした。幼子《おさなご》にも侍《はべ》り、小学校《しょうがっこう》の児童《じどう》にも侍《はべ》り、中高生《ちゅうこうせい》にも侍《はべ》ったのです。それらの人々《ひとびと》に対《たい》して、真《まこと》のお父様《とうさま》は誰《だれ》よりも愛《あい》する人《ひと》のように侍《はべ》ったのです。真《まこと》のお父様《とうさま》のご両親《りょうしん》を愛《あい》する以上《いじょう》に、その人《ひと》たちに侍《はべ》ったのです。

食《た》べるものがあれば、彼《かれ》らにまずあげようと思《おも》って包《つつ》んで持《も》って行《い》ったのです。年《とし》を取《と》ったおばあさんたち、腰《こし》の曲《ま》がったおばあさんたちがいれば、その人《ひと》たちの夫《おっと》よりも楽《たの》しい話《はなし》を真《まこと》のお父様《とうさま》がするので、「ああ、私《わたし》の夫《おっと》よりも良《よ》い」と言《い》って、みんな楽《たの》しそうにくっついてきたのです。「ついて来《く》るな」と言《い》うのに、それでもついて来《く》るようになったのです。

真《まこと》のお父様《とうさま》は青年時代《せいねんじだい》から、どんな人《ひと》にも心《こころ》から侍《はべ》り大切《たいせつ》にされる方《かた》でした

このように真《まこと》のお父様《とうさま》は、どんな環境《かんきょう》にいる人《ひと》に対《たい》しても心《こころ》を合《あ》わせてあげ、誰《だれ》よりもその人《ひと》を愛《あい》する人《ひと》になり、友達《ともだち》になってあげました。そのような生《い》き方《かた》は生涯《しょうがい》を貫《つらぬ》いているのです。

35 背後《はいご》を知《し》る

真《まこと》のお父様《とうさま》には、幼少《ようしょう》の頃《ころ》から目《め》に見《み》えない世界《せかい》が見《み》える能力《のうりょく》がありました。例《たと》えば、近所《きんじょ》の人《ひと》がお見合《みあ》い写真《しゃしん》を持《も》って来《き》て、相性《あいしょう》を見《み》てもらうとよい、ということが噂《うわさ》になっていました。そのような眼力《がんりき》が八歳《さい》の頃《ころ》からあったのです。

そして今日《こんにち》、霊界《れいかい》のことについては、真《まこと》のお父様《とうさま》が世界一《せかいいち》よく分《わ》かる人《ひと》になっているのです。

さて、真《まこと》のお父様《とうさま》が青年《せいねん》の時《とき》、明水台《ミョンスデ》にあるイエス教会《きょうかい》の日曜学校《にちようがっこう》の先生《せんせい》をしていましたが、その教会《きょうかい》の朴在奉《パクチェボン》牧師《ぼくし》や李浩彬《イホビン》牧師《ぼくし》が、どんな背後《はいご》を持《も》っているかはお見通《みとお》しでした。

すべての出会《であ》いは神様《かみさま》が出会《であ》わせてくださったものです。
人《ひと》との出会《であ》いを大切《たいせつ》にしましょう

つまり良《よ》い面《めん》ばかりでなく欠点《けってん》もよく見《み》えていました。しかし真《まこと》のお父様《とうさま》は、その牧師《ぼくし》を信頼《しんらい》し、ついて来《く》る多《おお》くの信徒《しんと》がいることを知《し》っていたので、一度《いちど》もその牧師《ぼくし》の欠点《けってん》は言《い》わなかったのです。

すべての出会《であ》いは、神様《かみさま》がなしてくださるものと信《しん》じる真《まこと》のお父様《とうさま》は、その出会《であ》った人《ひと》との関係《かんけい》を絶《た》つようなことはしなかったのです。

36 伝道活動《でんどうかつどう》

ために生《い》きることの本質《ほんしつ》は、神様《かみさま》の愛《あい》と真理《しんり》をいかに人々《ひとびと》に伝《つた》えるか、伝道《でんどう》するかということです。そのようにして伝道《でんどう》された人《ひと》が、神様《かみさま》と共《とも》に歩《あゆ》む人《ひと》に生《う》まれ変《か》わったとするならば、伝道者《でんどうしゃ》にとってそれ以上《いじょう》ために生《い》きる行動《こうどう》はありません。

真《まこと》のお父様《とうさま》は、学生時代《がくせいじだい》から伝道活動《でんどうかつどう》をしていました。学校《がっこう》では、人《ひと》とほとんど会話《かいわ》せずに静《しず》かに過《す》ごす青年《せいねん》だったので、真《まこと》のお父様《とうさま》が人前《ひとまえ》で語《かた》っている姿《すがた》は見《み》たこともないし、想像《そうぞう》することもできませんでした。

しかし事実《じじつ》は違《ちが》ったのです。真《まこと》のお父様《とうさま》は公園《こうえん》のような所《ところ》に行《い》っては、「私《わたし》の話《はなし》をちょっと聞《き》きなさい」と言《い》って話《はなし》をしていたのです。多《おお》くの人々《ひとびと》

学生時代《がくせいじだい》の真《まこと》のお父様《とうさま》は、昌慶苑《チャンギョンウォン》でお花見《はなみ》をしている人《ひと》たちに向《む》かって堂々《どうどう》とみ言《ことば》を語《かた》り、伝道《でんどう》しました

を指導《しどう》する訓練《くんれん》だと思《おも》ってやっていたのです。

またある時《とき》は、昌慶苑《チャンギョンウォン》の花見《はなみ》の時《とき》に、学生服《がくせいふく》を脱《ぬ》いで、背中《せなか》をそらせるようにして堂々《どうどう》と大衆《たいしゅう》に向《む》かって話《はな》したのです。黒石洞《フクソクトン》に住《す》んでいましたが、隣村《となりむら》まで開拓伝道《かいたくでんどう》に行《い》っていました。

第《だい》5章《しょう》

命懸《いのちが》けの勉強《べんきょう》

37 黒石洞《フクソクトン》に対《たい》する熱《あつ》い思《おも》い

真《まこと》のお父様《とうさま》は一九三八年《ねん》四月《がつ》十二日《にち》、京城商工実務学校電気科《けいじょうしょうこうじつむがっこうでんきか》に入学《にゅうがく》され、一九四一年《ねん》三月八日《がつようか》に卒業《そつぎょう》されました。

そして、その時《とき》、自炊《じすい》をしながら下宿生活《げしゅくせいかつ》をされていたのが、黒石洞《フクソクトン》なのです。つまり、十八歳《さい》から二十一歳《さい》まで、黒石洞《フクソクトン》の自然《しぜん》と人々《ひとびと》を愛《あい》して勉学《べんがく》に勤《いそ》しんだのです。

その当時《とうじ》の人々《ひとびと》は、今《いま》はみな生《い》きてはいません。しかし、その地《ち》にはその子孫《しそん》が多《おお》くいるはずです。それで真《まこと》のお父様《とうさま》は、ご自身《じしん》が若《わか》かりし頃《ころ》、み旨《むね》のために祈祷《きとう》したり、伝道《でんどう》したりした懐《なつ》かしい地《ち》が、都市開発《としかいはつ》で跡形《あとかた》もなくなっているのを知《し》って、黒石洞《フクソクトン》に新《あたら》しい教会《きょうかい》を造《つく》ってあげました。

私《わたし》たちは、義人《ぎじん》、聖人《せいじん》たちを尊敬《そんけい》しなければなりません。そして誰《だれ》よりも、天地人真《てんちじんまこと》の父母様《ふぼさま》を愛《あい》し、尊敬《そんけい》し、感謝《かんしゃ》しなければなりません

なぜならば、子孫《しそん》がこの教会《きょうかい》を通《とお》して「統一原理《とういつげんり》」の真理《しんり》に出合《であ》って、神様《かみさま》と共《とも》に行《い》く人生《じんせい》を歩《あゆ》み始《はじ》めたとしたら、そこからかつての真《まこと》のお父様《とうさま》の心情《しんじょう》がよみがえるからです。

過去《かこ》の歴史《れきし》が復活《ふっかつ》し、新時代《しんじだい》を花開《はなひら》かせるのです。ですから私《わたし》たちは、偉人《いじん》を尊敬《そんけい》しなければならないのです。

38 誰《だれ》よりも韓国《かんこく》を愛《あい》する

一九四一年《ねん》三月八日《がつようか》、二十一歳《さい》の春《はる》、真《まこと》のお父様《とうさま》は黒石洞《フクソクトン》にある京城《けいじょう》商工実務学校《しょうこうじつむがっこう》を卒業《そつぎょう》すると、四月一日《がつついたち》には「昌慶丸《しょうけいまる》」に乗《の》って日本《にっぽん》へ旅立《たびだ》ち、四月《がつ》十四日《か》、早稲田大学附属早稲田高等工学校電気工学科《わせだだいがくふぞくわせだこうとうこうがっこうでんきこうがくか》に入学《にゅうがく》されました。

さて、留学《りゅうがく》のため日本《にっぽん》に発《た》つ前夜《ぜんや》の三月《がつ》三十一日《にち》、釜山《プサン》に向《む》けてソウル駅《えき》を発《た》つ時《とき》、ソウル市内《しない》を眺《なが》めながら、真《まこと》のお父様《とうさま》は、かわいそうな韓民族《かんみんぞく》に誰《だれ》が責任《せきにん》を持《も》つかを考《かんが》えながら、多《おお》くの涙《なみだ》を流《なが》されたのです。

ソウル駅《えき》でひかり号《ごう》という列車《れっしゃ》に乗《の》りながら、「私《わたし》は敗者《はいしゃ》の愚《おろ》かな男《おとこ》として流《なが》れて行《い》くのではない。国《くに》を救《すく》うための熱《あつ》い心《こころ》を持《も》って行《い》くのである。

真《まこと》のお父様《とうさま》は昌慶丸《しょうけいまる》に乗《の》って日本《にっぽん》に留学《りゅうがく》する時《とき》、神様《かみさま》に
「必《かなら》ず神《かみ》の国《くに》をつくってみせます」と決意《けつい》されました

私《わたし》が韓国《かんこく》に帰《かえ》ってくる時《とき》には、韓国《かんこく》は希望《きぼう》にあふれんばかりになるであろう」と祈《いの》られたのです。そして、このような志《こころざし》を持《も》つ男《おとこ》の上《うえ》には、必《かなら》ず神様《かみさま》の保護《ほご》があると確信《かくしん》していたのです。

そのことのゆえに、第《だい》二次世界大戦《じせかいたいせん》では、韓国《かんこく》は一度《いちど》も爆撃《ばくげき》を受《う》けなかったのです。

39 卒業式《そつぎょうしき》で演説《えんぜつ》

真《まこと》のお父様《とうさま》の学歴《がくれき》を紹介《しょうかい》します。

六歳《さい》から十三歳《さい》までは書堂《ソダン》で漢文《かんぶん》を学《まな》び、十四歳《さい》で定州《チョンヂュ》の五山《オサン》普通学校《ふつうがっこう》三年《ねん》に編入《へんにゅう》。十五歳《さい》で定州公立普通学校《チョンヂュこうりつふつうがっこう》四年《ねん》に転入《てんにゅう》、十八歳《さい》で卒業《そつぎょう》しました。

書堂《ソダン》に通《かよ》っていた頃《ころ》から真《まこと》のお父様《とうさま》の天才《てんさい》ぶりは他《た》を驚《おどろ》かせ、今《いま》の小学生《しょうがくせい》の年齢《ねんれい》で既《すで》に先生《せんせい》の代《か》わりをするくらいの実力者《じつりょくしゃ》でした。それから今《いま》でいう中学《ちゅうがく》、高校《こうこう》に行って、日本語《にほんご》も勉強《べんきょう》しました。その時《とき》の実力《じつりょく》が今《いま》なお続《つづ》いていて、日本語《にほんご》も話《はな》してくださるし、字《じ》も達筆《たっぴつ》なのです。

さて、十八歳《さい》の卒業式《そつぎょうしき》でのことです。真《まこと》のお父様《とうさま》は式場《しきじょう》で雄弁《ゆうべん》に語《かた》りました。警察署長《けいさつしょちょう》、郡守《クンス》（郡《ぐん》の責任者《せきにんしゃ》）たちを前《まえ》にして、「日本人《にっぽんじん》はふろしき

真《まこと》のお父様《とうさま》は、幼少期《ようしょうき》から神様《かみさま》を中心《ちゅうしん》に勉強《べんきょう》してこられ、正《ただ》しいことのためには決《けっ》してひるむことはありませんでした

をまとめて出《で》て行《い》け」と言《い》って激《はげ》しく攻撃《こうげき》したのです。

その時《とき》から真《まこと》のお父様《とうさま》は、レッテルを貼《は》られました。警察《けいさつ》に行《い》くと「あ！これは要注意人物《ようちゅういじんぶつ》だ」と言《い》われたのです。しかし真《まこと》のお父様《とうさま》は正《ただ》しいことを堂々《どうどう》と言《い》って、決《けっ》してひるむことはありませんでした。

40 京釜本線《キョンプほんせん》（ソウル～釜山《プサン》）列車《れっしゃ》「ひかり号《ごう》」での涙《なみだ》

真《まこと》のお父様《とうさま》は、列車《れっしゃ》に乗《の》ってソウルから釜山《プサン》に行《い》く時《とき》、「私《わたし》が日本《にっぽん》に行《い》って学《まな》んでくることは何《なに》か。この国《くに》を解放《かいほう》して、独立国家《どくりつこっか》を備《そな》えてあげなければならない」と思《おも》いました。

その時《とき》、ソウルの龍山駅《ヨンサンえき》を出発《しゅっぱつ》し、漢江《ハンガン》の橋《はし》を過《す》ぎながらとめどもなく涙《なみだ》を流《なが》したのです。孤児《こじ》のようなこの民族《みんぞく》を置《お》いて出《で》なければならない心情《しんじょう》をたずさえ、ソウルから釜山《プサン》までの列車《れっしゃ》の中《なか》で、外套《がいとう》をかぶって痛哭《つうこく》していた真《まこと》のお父様《とうさま》でした。

その時《とき》、日本人《にっぽんじん》のおばさんが、汽車《きしゃ》の中《なか》で泣《な》いている真《まこと》のお父様《とうさま》を見《み》て、「若《わか》い人《ひと》、お父《とう》さん、お母《かあ》さんが亡《な》くなられましたか。そのような悲《かな》しみは、

日本《にっぽん》に留学《りゅうがく》するため、ソウルから釜山《プサン》まで乗《の》った列車《れっしゃ》の中《なか》で、真《まこと》のお父様《とうさま》は、日本《にっぽん》の植民地《しょくみんち》にされている韓国《かんこく》のことを思《おも》い、いつまでも涙《なみだ》を流《なが》されました

人間《にんげん》ならば誰《だれ》でも遭《あ》うことではないですか」と語《かた》りかけてきました。

しかし、真《まこと》のお父様《とうさま》の心《こころ》は、ただ韓国《かんこく》に対《たい》する愛《あい》でぎっしり詰《つ》まっていたのです。涙《なみだ》が止《と》まらず、目《め》がはれ、鼻《はな》と口《くち》がはれるくらいになってしまったのです。

41 普通《ふつう》の人《ひと》の三倍《ばい》の能力《のうりょく》

真《まこと》のお父様《とうさま》は、二十一歳《さい》から二十三歳《さい》まで、日本《にっぽん》の早稲田《わせだ》大学附属《だいがくふぞく》早稲田高等工学校《わせだこうとうこうがっこう》で電気工学《でんきこうがく》の勉強《べんきょう》をされました。

その理由《りゆう》は、大《おお》きなことをしようとするならば、数学的《すうがくてき》な計算《けいさん》が早《はや》くなければならないと考《かんが》えられたからです。鑑定力《かんていりょく》を高《たか》めなければならないと思《おも》われたのです。

それは目《め》に見《み》えないものを管理《かんり》するので、宗教《しゅうきょう》と通《つう》じることにもプラスになりました。今後《こんご》の新《あたら》しい宗教理念《しゅうきょうりねん》を立《た》てるためには、現代《げんだい》の科学文明《かがくぶんめい》を全部《ぜんぶ》知《し》らなければならないと思《おも》われたのです。

ですから真《まこと》のお父様《とうさま》の頭《あたま》は、数理的《すうりてき》になっています。真《まこと》のお父様《とうさま》の頭《あたま》は

真《まこと》のお父様《とうさま》は、21 歳《さい》から 23 歳《さい》まで、日本《にっぽん》の早稲田大学附属《わせだだいがくふぞく》早稲田高等工学校《わせだこうとうこうがっこう》に留学《りゅうがく》し、電気工学《でんきこうがく》の勉強《べんきょう》をされました

大《おお》きいので、学生帽《がくせいぼう》が小《ちい》さくて二度注文《どちゅうもん》し直《なお》しても、まだ不十分《ふじゅうぶん》なくらいだったのです。

それに象徴《しょうちょう》されるように、真《まこと》のお父様《とうさま》の頭脳《ずのう》には知識《ちしき》がたくさん入《はい》っています。そして何事《なにごと》も集中《しゅうちゅう》してやるので、普通《ふつう》の人《ひと》が十年《ねん》かかってする仕事《しごと》を三年以内《ねんいない》にやってしまわれるのです。

42 韓民族《かんみんぞく》のために涙《なみだ》を流《なが》す

真《まこと》のお父様《とうさま》は、一九四一年《ねん》四月一日《がっついたち》午前《ごぜん》二時《じ》四十分発《ぷんはっ》の関釜《カンプ》連絡船《れんらくせん》「昌慶丸《しょうけいまる》」に乗《の》って、日本留学《にっぽんりゅうがく》に出発《しゅっぱつ》されました。

その時《とき》、釜山《プサン》の埠頭《ふとう》で「私《わたし》は今《いま》、祖国《そこく》を離《はな》れるけれども、祖国《そこく》であるお前《まえ》をより一層愛《いっそうあい》し、お前《まえ》のためにもっと多《おお》くの涙《なみだ》を流《なが》そう」と約束《やくそく》されたのです。また「私《わたし》は今旅立《いまたびだ》ちますが、帰《かえ》ってくる時《とき》まで、神様《かみさま》、この民族《みんぞく》を守《まも》ってください」と祈祷《きとう》されたのです。

この時《とき》、真《まこと》のお父様《とうさま》の目《め》から、止《と》めどもなく涙《なみだ》が流《なが》れていました。かわいそうなこの民族《みんぞく》を誰《だれ》が救《すく》ってくれるのだろうかという思《おも》いでいっぱいでした。韓民族《かんみんぞく》の行《ゆ》く末《すえ》に対《たい》して、誰《だれ》よりも心配《しんぱい》し、誰《だれ》よりも涙《なみだ》を流《なが》されたた

真《まこと》のお父様《とうさま》が韓国《かんこく》を離《はな》れ、
日本留学《にっぽんりゅうがく》に出発《しゅっぱつ》する時《とき》、
韓民族《かんみんぞく》の将来《しょうらい》に対《たい》して誰《だれ》より
も心配《しんぱい》し、誰《だれ》よりも多《おお》く涙《なみだ》を
流《なが》しました

のです。韓国一《かんこくいち》の愛国者《あいこくしゃ》なのです。

真《まこと》のお父様《とうさま》は、涙《なみだ》とともに行《い》く道《みち》に愛国《あいこく》があり、涙《なみだ》とともに行《い》くところに孝子《こうし》がいて、涙《なみだ》とともに生涯《しょうがい》を経《へ》ていくところに聖人《せいじん》の道《みち》があると語《かた》られます。真《まこと》のお父様《とうさま》は若《わか》い時《とき》から、かわいそうな民族《みんぞく》のために涙《なみだ》を流《なが》してこられたのです。

43 命懸《いのちが》けの勉強《べんきょう》

真《まこと》のお父様《とうさま》の勉強法《べんきょうほう》は、命懸《いのちが》けの勉強《べんきょう》です。ゆえに勉強《べんきょう》していても疲《つか》れを感《かん》じないのです。自分《じぶん》のために勉強《べんきょう》する人《ひと》は疲《つか》れるのです。

例《たと》えば、真《まこと》のお父様《とうさま》は本《ほん》一ページを勉強《べんきょう》するのに、また一《ひと》つの単語《たんご》を覚《おぼ》えるのに、韓民族《かんみんぞく》の生死《せいし》が懸《か》かっていると思《おも》って、真剣《しんけん》な気持《きも》ちで勉強《べんきょう》していらっしゃいました。

頭《あたま》が良《よ》いとか悪《わる》いとかの問題《もんだい》ではないのです。深刻《しんこく》な気持《きも》ちで勉強《べんきょう》してみると、その時《とき》の勉強内容《べんきょうないよう》は忘《わす》れないで覚《おぼ》えているのです。

さらに真《まこと》のお父様《とうさま》は、勉強《べんきょう》する時《とき》、世界《せかい》のため、神様《かみさま》のために勉強《べんきょう》しました。それで真《まこと》のお父様《とうさま》は本《ほん》の一ページを何《なん》か月《げつ》も研究《けんきゅう》したり、一《ひと》つの

真《まこと》のお父様《とうさま》は本《ほん》を読《よ》む時《とき》、書《か》かれているその一言《ひとこと》、その一行《いちぎょう》に、韓民族《かんみんぞく》や人類《じんるい》の運命《うんめい》がかかっていると思《おも》って、命懸《いのちが》けで読《よ》みました

題目《だいもく》に何《なん》か月《げつ》も深刻《しんこく》に打《う》ち込《こ》んだことがあるのです。
このようにすべて命懸《いのちが》けで勉強《べんきょう》してこられたのです。

44 一日《にち》二食《しょく》

真《まこと》のお父様《とうさま》は、三十歳《さい》まで、空腹《くうふく》でなかったことがありませんでした。それゆえに腹《はら》が減《へ》った切《せつ》なさを、真《まこと》のお父様《とうさま》は、本当《ほんとう》によく分《わ》かっていらっしゃいました。

なぜそのようなことをされたのでしょうか。それは、神様《かみさま》に誓《ちか》って受《う》けた使命《しめい》があるのに、それをある基準《きじゅん》まで成《な》し遂《と》げていない者《もの》が、どうしてご飯《はん》を食《た》べることができるのかと思《おも》われたからです。ご飯《はん》を見《み》ると、「こいつ」とご飯《はん》が怒鳴《どな》りつけるというのです。そのような世界《せかい》を真《まこと》のお父様《とうさま》は、毎日味《まいにちあじ》わっていらっしゃったのです。

ご飯《はん》を食《た》べるのも、自分《じぶん》のために食《た》べてはいなかったのです。公的《こうてき》なこ

神様《かみさま》の使命《しめい》を
果《は》たしていないのに
どうして
平気《へいき》な顔《かお》して
ごはんが食《た》べて
いられるだろうか…
どうして
平気《へいき》な顔《かお》して
生活《せいかつ》して
いられるだろうか
……
神様《かみさま》！み旨《むね》を
必《かなら》ず果《は》たします
……

真《まこと》のお父様《とうさま》は若《わか》い頃《ころ》、み旨《むね》がまだ成《な》されていないのに、普通《ふつう》の人《ひと》と同《おな》じような生活《せいかつ》をする気《き》には、全《まった》くなれませんでしたとをした時《とき》には「お前《まえ》を良《よ》く食《た》べて、昨日《きのう》より、もっと公的《こうてき》なことをしてやるよ」と思《おも》って食《た》べると、ご飯《はん》が大声《おおごえ》を出《だ》して喜《よろこ》ぶというのです。

皆《みな》さんは分《わ》からないでしょう。それゆえに真《まこと》のお父様《とうさま》にとって、ご飯《はん》を食《た》べる時間《じかん》はとても神秘的《しんぴてき》な時間《じかん》なのです。そのようにして、真《まこと》のお父様《とうさま》は自己主管《じこしゅかん》の修業《しゅぎょう》をされたのです。

45 しつこいほど質問《しつもん》

幼少時代《ようしょうじだい》から探究心《たんきゅうしん》が旺盛《おうせい》だった真《まこと》のお父様《とうさま》は、高等工学校《こうとうこうがっこう》で電気工学《でんきこうがく》を学《まな》んだ時《とき》も、全《まった》く変《か》わりませんでした。

学校《がっこう》の先生《せんせい》に次《つぎ》から次《つぎ》へと質問《しつもん》をするので、先生《せんせい》たちが困《こま》ってしまったのです。真《まこと》のお父様《とうさま》が一度《ど》質問《しつもん》をし始《はじ》めると、先生《せんせい》が答《こた》えることができなくなるまで質問《しつもん》するので、先生《せんせい》の顔《かお》が真《ま》っ赤《か》になるのです。

例《たと》えば、物理学《ぶつりがく》を学《まな》ぶ時《とき》、「この公式《こうしき》を誰《だれ》が作《つく》ったのですか。どうしてそれを信《しん》じることができるのですか」と質問《しつもん》するのです。あまりにもひんぱんに尋《たず》ねるので、次第《しだい》に先生《せんせい》たちが真《まこと》のお父様《とうさま》のことを気《き》にし始《はじ》めました。

真《まこと》のお父様《とうさま》がいつ立《た》ち上《あ》がって質問《しつもん》するのかと気《き》になるようになったので

真《まこと》のお父様《とうさま》は幼少期《ようしょうき》から、疑問《ぎもん》に思《おも》ったことを積極的《せっきょくてき》に質問《しつもん》するので、先生《せんせい》が困《こま》るほどでした

す。

真《まこと》のお父様《とうさま》と顔《かお》を合《あ》わせると、質問《しつもん》を避《さ》けるように先生《せんせい》が隅《すみ》の方《ほう》に行《い》くようになりました。特《とく》に弁論《べんろん》になると、先生《せんせい》は問題《もんだい》ではありませんでした。友達《ともだち》も相手《あいて》にならなかったのです。

第《だい》6章《しょう》

原理《げんり》の究明《きゅうめい》

46 ご飯《はん》一《いっ》食《しょく》を世界《せかい》のために

真《まこと》のお父様《とうさま》が日本《にっぽん》で留学生活《りゅうがくせいかつ》をしていらっしゃった時《とき》というのは、最《もっと》も食欲《しょくよく》が旺盛《おうせい》な時《とき》でした。

真《まこと》のお父様《とうさま》は、腹《はら》が減《へ》ったから食《た》べられるだけ食《た》べたということはないのですが、腹《はら》いっぱい食《た》べたらどれくらい食《た》べられるであろうかと試《ため》してみたことはありました。その時《とき》は、何《なん》とご飯《はん》を茶《ちゃ》わんで十一杯《ぱい》食《た》べ、親子《おやこ》丼《どん》も七杯《はい》食《た》べ、首《くび》が回《まわ》らなくなってしまったということです。

しかし、このようなことをされたのはその時《とき》だけで、いつも空腹《くうふく》でした。食堂《しょくどう》に行《い》っても、高級食堂《こうきゅうしょくどう》には行《い》かれず、座《すわ》る場所《ばしょ》は末席《まっせき》でした。

真《まこと》のお父様《とうさま》は、腹《はら》が減《へ》ることを思《おも》う以上《いじょう》に、神様《かみさま》と民族《みんぞく》を愛《あい》さなければ

どうしたら
人類《じんるい》を救《すく》えるか…
神様《かみさま》の願《ねが》いを
なんとしても
果《は》たしたい

真《まこと》のお父様《とうさま》は、自分《じぶん》のおなかがすくこと以上《いじょう》に、いつも神様《かみさま》の事情《じじょう》を考《かんが》え、人類《じんるい》を罪《つみ》から救《すく》うことを第一《だいいち》に考《かんが》えていますならないと考《かんが》えていらっしゃったのです。それが真《まこと》のお父様《とうさま》の生活信条《せいかつしんじょう》でした。真《まこと》のお父様《とうさま》は、高校時代《こうこうじだい》から三十歳《さい》になるまで、二食主義《しょくしゅぎ》を貫《つらぬ》かれました。残《のこ》り一食《しょく》を世界《せかい》のために犠牲《ぎせい》にしようと考《かんが》えられたのです。

47 日本語《にほんご》を早《はや》くしゃべる訓練《くんれん》

真《まこと》のお父様《とうさま》が、なぜ日本《にっぽん》に留学《りゅうがく》された時《とき》に日本語《にほんご》を熱心《ねっしん》に勉強《べんきょう》されたのかというと、指導者《しどうしゃ》になっていくための一《ひと》つの条件《じょうけん》だと思《おも》われたからです。「将来《しょうらい》、日本《にっぽん》の青年《せいねん》を私《わたし》の手《て》で消化《しょうか》して、世界《せかい》のためになる者《もの》にしよう」と誓《ちか》われたことがあるのです。

その結果《けっか》、日本人《にっぽんじん》と競争《きょうそう》して、真《まこと》のお父様《とうさま》より早《はや》く日本語《にほんご》を話《はな》せる人《ひと》がいないくらいになりました。スピードでも負《ま》けないし、人《ひと》と論争《ろんそう》する時《とき》も負《ま》けないし、弁論《べんろん》の能力《のうりょく》も負《ま》けないように研究《けんきゅう》し、訓練《くんれん》されたのです。真《まこと》のお父様《とうさま》は、どれほど頭《あたま》が良《よ》く、記憶力《きおくりょく》が優《すぐ》れているでしょうか。

それだけでなく、五十歳《さい》を過《す》ぎてからアメリカに渡《わた》られ、みんなが寝静《ねしず》

青年時代《せいねんじだい》の真《まこと》のお父様《とうさま》は、人類《じんるい》を救《すく》うために、いろいろな分野《ぶんや》のことをたくさん学《まな》び、深《ふか》く研究《けんきゅう》されました

まってから英語《えいご》を勉強《べんきょう》し、英語《えいご》で講演《こうえん》をしたり、英語《えいご》で渉外《しょうがい》をされるようになったのも、アメリカ人《じん》を指導《しどう》するためでした。

48 三十歳《さい》までの生活基準《せいかつきじゅん》

イエス様《さま》が三十歳《さい》から公生涯《こうしょうがい》を歩《あゆ》まれるまで、三十年間《ねんかん》の準備期間《じゅんびきかん》があったように、真《まこと》のお父様《とうさま》も、三十年《ねん》の間《あいだ》は、世人《せじん》が分《わ》からず、神《かみ》のみぞ知《し》るような心情《しんじょう》を持《も》って、歩《あゆ》んでいらっしゃいました。

例《たと》えば、服《ふく》は新《あたら》しい物《もの》を着《き》たことはなく、すべて古物商《こぶつしょう》に行《い》って、古着《ふるぎ》を買《か》って着《き》ていました。その時《とき》は、天命《てんめい》の責任《せきにん》を全《まっと》うできない男《おとこ》が、どうしてずうずうしく備《そな》える物《もの》をみな備《そな》え、大通《おおどお》りを闊歩《かっぽ》することができようかと考《かんが》えていらっしゃったのです。

当時《とうじ》の学生《がくせい》が髪《かみ》の毛《け》につけていたポマードは一切《いっさい》つけず、歩《ある》く時《とき》も顔《かお》を下《した》から四五度《ど》以上は上《あ》げず、地面《じめん》を見《み》て歩《ある》いていらっしゃいました。その

真《まこと》のお父様《とうさま》は青年時代《せいねんじだい》、すべてから切《き》り離《はな》された暗闇《くらやみ》のトンネルを行《い》くようなみ旨《むね》の道《みち》を、ただ一人《ひとり》歩《あゆ》まれました

時《とき》も、真《まこと》のお父様《とうさま》は、心《こころ》の中《なか》で「行《い》くべき道《みち》が残《のこ》っているゆえに、成《な》すべき責任《せきにん》がある」と思《おも》っていたのです。

着飾《きかざ》った学生《がくせい》たちが、笑《わら》いながら楽《たの》しんでいる時《とき》でも「お前《まえ》たちの笑《わら》いの傍《かたわ》らで、お前《まえ》たちの青春《せいしゅん》が流《なが》れていき、私《わたし》の沈鬱《ちんうつ》な考《かんが》えの中《なか》で、私《わたし》の一生《いっしょう》が輝《かがや》き、将来《しょうらい》の希望《きぼう》の太陽《たいよう》が昇《のぼ》る」と考《かんが》えていたのです。

49 運動能力《うんどうのうりょく》の鍛錬《たんれん》

真《まこと》のお父様《とうさま》は、抜群《ばつぐん》の運動能力《うんどうのうりょく》の持《も》ち主《ぬし》です。それは生《う》まれつき運動能力《うんどうのうりょく》に恵《めぐ》まれていたと同時《どうじ》に、自《みずか》ら鍛《きた》えられたからにほかなりません。真《まこと》のお父様《とうさま》の学生時代《がくせいじだい》には、日本《にっぽん》に双葉山《ふたばやま》という相撲《すもう》のチャンピオンがいたので、一度《いちど》は相手《あいて》をしてみたいと思《おも》うほどの実力《じつりょく》がありました。事実《じじつ》、中高生《ちゅうこうせい》の時《とき》は、全校《ぜんこう》で一番《いちばん》でした。他《ほか》にも高跳《たかと》びやボクシングなど、できない運動《うんどう》はなかったのです。

真《まこと》のお父様《とうさま》はなぜこれほどまでに体《からだ》を鍛《きた》えられたのでしょうか。

それはけんかをするためではなく、世《よ》の中《なか》を正《ただ》して、天理《てんり》に合《あ》う平和《へいわ》な世界《せかい》をつくろうという信念《しんねん》があったからです。国《くに》を生《い》かし、世界《せかい》を生《い》かす

真《まこと》のお父様《とうさま》は青年時代《せいねんじだい》、体《からだ》を鍛練《たんれん》して横綱《よこづな》の双葉山《ふたばやま》を相手《あいて》にしたいと思《おも》うほど、強靭《きょうじん》な体力《たいりょく》を身《み》につけました

ために健康《けんこう》な体《からだ》づくりをしていらっしゃったのです。

そのおかげで若《わか》い時《とき》は毎日《まいにち》三十分《ぷん》運動《うんどう》すれば、強靱《きょうじん》な体力《たいりょく》を維持《いじ》し続《つづ》けられるようになりました。年《とし》を経《へ》て今《いま》なお強靱《きょうじん》な真《まこと》のお父様《とうさま》は、一日《にち》に一時間運動《じかんうんどう》をして、健康《けんこう》を保《たも》っていらっしゃるのです。その動機《どうき》が偉大《いだい》なのです。

50 不便《ふべん》な寝床《ねどこ》

真《まこと》のお父様《とうさま》は中学《ちゅうがく》・高校時代《こうこうじだい》には、いつも冷《つめ》たい部屋《へや》で寝《ね》ていました。神様《かみさま》のみ旨《むね》を知《し》ってからは、足《あし》を伸《の》ばして寝《ね》ることもしなかったのです。ですから、中学《ちゅうがく》・高校時代《こうこうじだい》に、よく食《た》べてよく寝《ね》たという記憶《きおく》は一《ひと》つも残《のこ》っていないのです。寒《さむ》い所《ところ》で、新聞紙《しんぶんし》一や、かます一枚《まい》をかぶって、神様《かみさま》のみ旨《むね》を考《かんが》えながら涙《なみだ》したことが記憶《きおく》に残《のこ》っているのです。真《まこと》のお父様《とうさま》の財産《ざいさん》といえば、それだけだというのです。苦労《くろう》したことしかないのです。

寒《さむ》い時《とき》、新聞紙《しんぶんし》一枚《まい》が絹布団《きぬぶとん》以上《いじょう》の価値《かち》があることを切実《せつじつ》に感《かん》じました。布団《ふとん》を一組《ひとくみ》持《も》って行《い》き、四、五人《にん》で寝《ね》たこともあります。そのような時《とき》、友《とも》

真《まこと》のお父様《とうさま》の一番《いちばん》の財産《ざいさん》は、神様《かみさま》のみ旨《むね》のために身《み》もだえし、血《ち》と汗《あせ》と涙《なみだ》を流《なが》した若《わか》い時《とき》の苦労《くろう》でした

の足《あし》が口《くち》にかかっても、その足《あし》をたたく人《ひと》はいないし、口《くち》に足《あし》の指《ゆび》が入《はい》ると、それを乳首《ちくび》だと思《おも》って吸《す》う人《ひと》がいるのです。情《じょう》が通《かよ》うと、それも良《よ》いのです。

これらのことは体験《たいけん》してみなければ、分《わ》かりません。事実《じじつ》を言《い》うから事実《じじつ》に通《つう》じるのです。

51 原理《げんり》の究明《きゅうめい》

真《まこと》のお父様《とうさま》は、「統一原理《とういつげんり》」という真理《しんり》を探《さが》し出《だ》すために、満身瘡痍《まんしんそうい》になって、一日《にち》に十二時間《じかん》も十四時間《じかん》も祈祷《きとう》されたのです。そしてそれが何年《なんねん》も続《つづ》いたのです。この広大《こうだい》な宇宙《うちゅう》からダイヤモンドの星《ほし》を探《さが》すかのような道《みち》でした。したがって、解明《かいめい》された「統一原理《とういつげんり》」の本《ほん》の一ページ一ページには、真《まこと》のお父様《とうさま》の血《ち》と汗《あせ》と涙《なみだ》がしみ込《こ》んでいるのです。

真《まこと》のお父様《とうさま》は青春時代《せいしゅんじだい》のすべてを投入《とうにゅう》したのです。青春時代《せいしゅんじだい》といえば、成《な》したい願望《がんぼう》がいくらでもある時《とき》です。それらに対《たい》して一切目《いっさいめ》をつむって、ひたすら原理解明《げんりかいめい》のために投入《とうにゅう》したのです。

探究《たんきゅう》して、探究《たんきゅう》していった時《とき》に、宗教《しゅうきょう》の中《なか》の主流宗教《しゅりゅうしゅうきょう》がキリスト教《きょう》で

広大《こうだい》な宇宙《うちゅう》から一粒《ひとつぶ》のダイヤモンドの
星《ほし》を探《さが》すようにして、真《まこと》のお父様《とうさま》は
「統一原理《とういつげんり》」を発見《はっけん》されました

あることを悟《さと》りました。その時《とき》から、徹底的《てっていてき》に聖書《せいしょ》の研究《けんきゅう》もされました。そのような中《なか》で、天地創造《てんちそうぞう》がどのようにしてなされ、神様《かみさま》が、なぜ愛《あい》を好《この》まれるかということなどが明《あき》らかになっていったのです。最初《さいしょ》から聖書《せいしょ》を研究《けんきゅう》したのではないのです。

52 女性《じょせい》に訓戒《くんかい》

真《まこと》のお父様《とうさま》は日本《にっぽん》で留学生活《りゅうがくせいかつ》をしていた時《とき》は、あえて見苦《みぐる》しい姿《すがた》をしていました。それは若《わか》い女《おんな》の子《こ》たちが、真《まこと》のお父様《とうさま》について回《まわ》るからです。映画館《えいがかん》に行《い》けば隣《となり》の女性《じょせい》が手《て》を握《にぎ》ってくるし、一度目《いちどめ》を合《あ》わせてしまうと、どこに行《い》っても待《ま》ち伏《ぶ》せしているのです。

ある時《とき》、真《まこと》のお父様《とうさま》のために、毎月《まいつき》、お金《かね》の入《はい》った封筒《ふうとう》を届《とど》ける韓国人《かんこくじん》女性《じょせい》がいました。しかし真《まこと》のお父様《とうさま》はそれを使《つか》わずにためておき、六か月《げつ》後《ご》にその女性《じょせい》を呼《よ》んで話《はな》してあげました。「この日本《にっぽん》に来《き》て差別《さべつ》を受《う》け、祖国《そこく》が悲惨《ひさん》な運命《うんめい》になっているのを知《し》りながら、どうして、そんなことができるのか」と訓戒《くんかい》したのです。するとその女性《じょせい》は、感激《かんげき》して「兄《あに》のよう

私《わたし》たちはみんな神様《かみさま》のもとの一《ひと》つの家族《かぞく》です。
神様《かみさま》の家庭《かてい》の兄弟姉妹《きょうだいしまい》です

に侍《はべ》ります」と改心《かいしん》したのです。

女性《じょせい》がひっきりなしに付《つ》いて回《まわ》る真《まこと》のお父様《とうさま》でしたが、一度《いちど》も罪《つみ》を犯《おか》さず、すべての女性《じょせい》を正《ただ》しい道《みち》に導《みちび》く男《おとこ》としての基準《きじゅん》を立《た》てていたのです。

そのような精神《せいしん》が統一教会《とういつきょうかい》の根《ね》になっているのです。

53 宇宙《うちゅう》の根本《こんぽん》

宇宙《うちゅう》の根本《こんぽん》は何《なに》かという問題《もんだい》に対《たい》して、真《まこと》のお父様《とうさま》は九年間《ねんかん》も身《み》もだえして解決《かいけつ》されたのです。しかし、それが分《わ》かってみると、どんなに簡単《かんたん》なことかが分《わ》かったのです。「やあ、このような簡単《かんたん》なことが分《わ》からなかった。みな持《も》っていたのに分《わ》からなかった」。これが真《まこと》のお父様《とうさま》が九年間《ねんかん》の真理探究《しんりたんきゅう》の後《あと》にもらした言葉《ことば》でした。

真《まこと》のお父様《とうさま》は天才的《てんさいてき》な能力《のうりょく》と天性《てんせい》の霊感《れいかん》、直感《ちょっかん》があります。それでも九年間《ねんかん》かかったのです。それには二《ふた》つの理由《りゆう》があります。

一《ひと》つは、天《てん》の秘密《ひみつ》を絶対《ぜったい》に教《おし》えたくないサタンがいるということです。サタンが神様《かみさま》に代《か》わって宇宙《うちゅう》、世界《せかい》を支配《しはい》していたのですから、宇宙《うちゅう》の

真《まこと》のお父様《とうさま》はサタンが必死《ひっし》に隠《かく》していた
天宙《てんちゅう》の真理《しんり》を明《あき》らかにされました

根本《こんぽん》がサタンではないことが分《わ》かったら大変《たいへん》なことになります。もう一《ひと》つは、アダム・エバが神様《かみさま》を不信《ふしん》したので、反対《はんたい》に、神様《かみさま》に否定《ひてい》されても、真理《しんり》を解《と》き、それを神様《かみさま》が認《みと》める段階《だんかい》まで行《い》かなければならなかったのです。そして、ついに「宇宙《うちゅう》の根本《こんぽん》は『神様《かみさま》と人間《にんげん》は父子《ふし》の関係《かんけい》』である」と発表《はっぴょう》されたのです。

【著者】
座間保裕（ざま やすひろ）
1950年生まれ。金沢大学理学部数学科卒。教育正常化を目指し、私立高校に7年間奉職。現在、家庭教育局成和子女部長、および心情文化研究所所長として小学生と父母の教育に携わる。
著書は『小学生のための原理講義』『祝福家庭のための実践子育てガイドブック①②』『小学生のための真のお母さま』『霊界の総司令官・文興進様』『真のアベルとなるために』『幼少期の真のお父様』（すべて光言社刊）ほか多数。

<イラスト>
KIYOMI（きよみ）
文化女子大学卒業。『ムーンワールド・小学生版』の「誌上・小学生礼拝」「天国小学校の神の子講座」、子供用教材の『韓国語1』『幼少期の真のお父様』などのイラストを手掛ける。

青年期の真のお父様
ためにに生きる生涯路程　定価（本体900円＋税）

2015年10月20日　初版発行

著者　座間保裕 & KIYOMI
編集　世界平和統一家庭連合　家庭教育局成和子女部
（旧　世界基督教統一神霊協会）
発行　株式会社 光言社
〒150-0042 東京都渋谷区宇田川町37-18
電話 03-3467-3105(代表)
印刷　株式会社ユニバーサル企画

ISBN978-4-87656-187-2

幼少期の真のお父様
ために生きる生涯路程

『真の御父母様の生涯路程』より、真のお父様の幼少期から青少年期までのエピソードをイラストと文章でまとめました。3ページで一つの話が完結し、お父様の幼少期を分かりやすく楽しく学ぶことができます。イラストを見るだけでも力が湧いてきます。

◎ 座間保裕 著
◎ KIYOMI イラスト
◎ B6 判 / 176 頁

定価（本体 800 円＋税）

【目 次】